MOTIVATION ET EFFICIENCE AU TRAVAIL

PSYCHOLOGIE ET SCIENCES HUMAINES

Robert Frances
professeur émérite à l'université de Paris-X

motivation et efficience au travail

MARDAGA

© 1995, Pierre Mardaga éditeur
Rue Saint-Vincent 12 - 4020 Liège
D. 1995-0024-2

Introduction

Au cours de l'enseignement que l'ai donné sur le thème de la motivation au travail et pendant la préparation du présent ouvrage, j'ai rencontré des réactions et des vœux très spontanés manifestés par des personnes au statut variable, à la suite d'un regret vague mais souvent intense : « Il n'y a plus de motivation au travail chez les jeunes » ou bien, venant de responsables : « les gens de mon service ne sont pas assez motivés. Rien ne va plus... », etc.

D'ou viennent ces affirmations trop aisément généralisées ? D'observations souvent exactes touchant à une faible efficience : délaissement du travail scolaire par les jeunes au profit des jeux, des occupations de loisirs qui dévorent leur temps, leurs efforts ; baisse apparente du soin ou de la quantité du travail fourni à l'école ou dans le service de son entreprise, de son administration.

Comment, en partant de ces constats, analyser le problème autrement qu'en formulant des regrets ? « Ils ne sont pas motivés » n'est pas une proposition dont on puisse tirer un diagnostic psychologique, un pronostic ayant, pour le psychologue tant soit peu informé, une rigueur suffisante, ni des interventions dont on puisse prédire le moindre succès.

Le but de cet ouvrage est avant tout de guider l'analyse du problème précis tel qu'il se pose ici et maintenant.

a. **Un guide pour un diagnostic précis.** Il s'agit de découvrir l'organe (ou les organes) atteints, c'est-à-dire les dimensions de la motivation qui sont faibles ou qui ont faibli. Il y en a trois et elles sont en une combinaison multiplicative; la faiblesse de l'une d'elles suffit à faire chuter la valeur globale de leur produit, la motivation. Voici ces dimensions :

- La croyance chez le travailleur en sa propre capacité à affronter telle tâche, tel rendement étant donné ses «aptitudes» et les conditions de travail qui sont les siennes : c'est l'expectation de la performance (E) moyennant un effort.

- La conception claire que cet affrontement, s'il est réussi, aura, probablement ou sûrement, les conséquences qu'il en attend : tel salaire ou telle prime, tel changement de poste avec une tâche plus intéressante selon lui, telle promotion avec ses conséquences secondaires : c'est l'instrumentalité de la performance (I) c'est-à-dire le rapport que le travailleur conçoit entre elles et les diverses conséquences ci-dessous.

- L'estime, l'appétit, le désir qu'il a pour ces conséquences proches ou lointaines, en somme la valeur, ou valence (V), l'importance dont il les revêt. Toutes cas croyances, conceptions, désirs sont à chercher auprès des travailleurs eux-mêmes, par la voie d'entretiens suivis d'une construction de questionnaires susceptibles de fournir des données traitables par le calcul. Mais le contrôle de certains éléments de fait par d'autres sources est nécessaire : ceux que les supérieurs hiérarchiques ou les cadres les plus responsables peuvent corroborer ou infirmer avec certitude. Il peut y avoir des croyances non fondées. Quelque soit l'interlocuteur, ouvrier ou responsable, il faudra qu'entre eux et l'enquêteur la confiance règne. Donc celui-ci ne doit avoir aucune dépendance à l'égard de la direction, aucune affiliation compromettante. Ces dimensions E, I, V, de la motivation seront reprises plus en détail dans notre chapitre II qui traite justement du processus de la motivation.

b. Le diagnostic établi, quel pronostic formuler? Cela dépend des éléments de la situation, du ou des maux dont souffrent l'organe ou les organes atteints. Les contraintes de l'organisation peuvent être telles que l'ensemble de ses éléments en comprenne plus qui soient indéplaçables qu'amovibles.

c. Le pronostic doit être aussi large que possible, doit envisager autant d'éléments de toute sorte que l'étude à la base en a fournis. C'est ce qui permettra à la thérapeutique d'avoir quelque chance de succès. Car le nombre de contraintes indéplaçables l'emporte souvent sur les autres.

L'intervention pourra être de nature très variable : éclairer simplement les employés sur un système de primes qui leur paraît obscur, partial, inéquitable (nous verrons que c'est une croyance répandue dans le personnel et qui annule l'effet incitatif des primes); parfois changer le mode d'attribution de ces primes; donner une formation à un ou plusieurs contremaîtres dont le degré de «bienveillance» ou de directivité n'est pas adapté au type de travail qu'il est amené à surveiller; parfois susciter des besoins en formation technique et accorder cette formation lorsque l'évolution de la technique aura fait basculer certains employés; instaurer un niveau de participation adapté aux décisions qui sont prises quotidiennement ou qui doivent l'être, compte tenu des attributs de ces décisions, etc.

Enumérer tout ce qui peut être fait par le psychologue dans les innombrables conjonctures où il peut être appelé à intervenir est impossible. C'est à lui de réfléchir à tous les aspects dont les chapitres qui suivent font l'inventaire. Cet inventaire, tout panoramique qu'il soit, n'en est pas moins sélectionné par le sérieux des recherches analysées, le plus souvent recherches de terrain. On verra dans ces chapitre que le psychologue informé se garde mieux que le néophyte des idées toutes faites, inspirées par des concepts idéologiques simplistes tels que «direction participative», «leadership démocratique», etc. Ces concepts ne sont simplistes que s'ils sont employés dans la pratique sans tenir compte des variables de terrain : la nature de la tâche, plus ou moins structurée ou dangereuse, l'autorité statutaire dont est investi le chef d'équipe, sa relation avec les subordonnés, etc.

On verra aussi que ce panorama est structuré non seulement par les régions qu'il découvre (une par chapitre) mais par un fil conducteur théorique, celui d'une théorie très souvent invoquée aujourd'hui et qui a résisté à près de quarante années de mises à l'épreuve : celle précisément qui dévoile les trois dimensions qui, par leurs combinaisons permettent de définir la motivation au travail dans les conjonctures les plus diverses avec les personnes les plus différentes, telles que le monde du travail nous les présente. Encore faut-il que le psychologue soit armé pour élaborer cette définition dans le cas précis qui lui est soumis, parfois par le simple constat d'un défaut d'efficience.

Chapitre 1
Place de la motivation en psychologie du travail

Le développement de la psychologie du travail en France est assez grand maintenant pour que l'on puisse se poser cette question toute simple : « Pourquoi les gens travaillent-ils ? ». Le développement dont nous parlons, en effet, concerne presque exclusivement la question : Comment les gens travaillent-ils ? ». Lorsqu'on assiste à des congrès spécialisés dans cette discipline, on est frappé par la minutie avec laquelle les conduites de travail sont analysées, les dispositifs d'observation mis au point ; avec quelle rigueur des systèmes, des modèles et des mécanismes reliés à la psychologie cognitive ou à l'intelligence artificielle sont élaborés. Mais personne ne semble se poser la question de *l'explication* de ce «comment» avec toutes ses spécifications, autrement que par des variables de «fonctionnement». Pourtant cette question est largement traitée dans la psychologie du travail des pays développés. Il y a ainsi aux Etats-Unis, dans le dernier *Traité de psychologie du Travail* (celui de Dunette, 1976), un chapitre sur la motivation, un autre sur la nature et les causes de la satisfaction, ainsi que plusieurs autres chapitres rattachés à ces deux axes principaux de la psychologie du travail explicative des conduites de travail. Nous avons essayé de combler une de ces lacunes — celle de l'étude de la satisfaction — en publiant en français la *Satisfaction dans le travail et l'emploi (Francès, 1985)*. Nous le faisons plus complètement ici pour l'autre axe, celui de sur la motivation.

En ce qui concerne la motivation — mais la question se reposerait sans doute au sujet de la satisfaction —, le silence des ouvrages français conduit tout naturellement à reprendre ce qu'un grand psychologue de la motivation, J. Nuttin, écrivait déjà en 1963 : le schéma stimulus — réponse exclut comme inutile la notion d'une motivation antérieure à la situation présente. Depuis lors, la psychologie «cognitive» a comblé le vide à sa manière par des concepts tels que schèmes, mécanismes, processus, étapes de développement, etc. Il est entendu qu'il y a aussi une activation générale de l'organisme qui, comme un carburant le ferait d'un moteur, les met en route. Mais ce qu'il y a d'intéressant, nous dit-on, dans le fonctionnement, c'est ce dernier.

Or, comme le notait déjà Nuttin, la psychologie de la motivation ne concerne pas seulement cette activation indifférenciée, mais *l'explication* de l'accomplissement, par le sujet, de telle ou telle activité bien déterminée. Les modalités de cette action telles que sélection, orientation, persistance ou effort sont sous-entendues chez l'homme par la «poursuite d'un objet-but encore absent ou non-existant» (1985, p. 48).

Enfin, on peut reprendre ici, à propos des conditions de travail, ce que dit Nuttin de la nécessité de réintroduire la notion de situation significative. Le développement de plus en plus poussé de l'étude de ces conditions est légitime. Mais *l'explication* des conduites de travail dépend en grande partie du sens que leur donnent chacun des travailleurs : le même emploi (par exemple d'opérateur dans l'industrie) sera pour l'un (- d'origine paysanne) une promotion sociale, pour l'autre (père de famille nombreuse) un devoir sacré qu'il accomplit avec conscience, pour le militant syndical un bagne contre lequel il faut lutter. L'importance des enjeux divers placés dans les mêmes situations présentant «les mêmes conditions» conduit à se demander si ces conditions sont vraiment les mêmes pour tous, ou tout au moins si les buts divers poursuivis par les travailleurs ne les leur font pas apprécier de manière bien différente.

Quoi qu'il en soit, l'étude des sources motivationnelles des conduites de travail est un préalable important aux autres chapitres de la psychologie du travail.

*
* *

Une définition du concept de motivation est nécessaire au début de ce chapitre. Elle l'est d'autant plus que, dans de nombreuses occasions, motivation et satisfaction au travail sont des termes que l'on substitue l'un à l'autre sans en voir clairement la parenté ou les différences.

La motivation au travail est l'ensemble des aspirations qu'un travailleur attache à son emploi, chacune d'elles étant affectée d'un coefficient de probabilité qu'il conçoit de voir ces aspirations se réaliser dans l'emploi, en fonction du travail accompli, de la reconnaissance de ce travail par l'organisation, etc. L'aspiration n'est pas observable ni même consciente en tant que telle, mais seulement par le but auquel elle fait tendre le travailleur, c'est-à-dire par le résultat qu'il attend de son emploi, résultat qui, lui, est conscient et descriptible. C'est pourquoi, dans ce qui suit, nous désignerons les aspirations par les résultats correspondants. Bien entendu, ces résultats ont, par ailleurs, des pouvoirs attractifs différents, soit selon les catégories d'emplois, soit selon les travailleurs affectés à un même emploi : on dit qu'ils ont des *valences* différentes.

Dans un premier temps, nous pouvons donc définir la motivation au travail comme *la somme des résultats attendus, dans un emploi (A), multipliée par la valence (V) de chacun de ces résultats* :

$$m = \sum_{n=1}^{k} (A)V$$

Cette expression signifie que la force de la motivation (m) est la somme (Σ), allant d'un à $\underline{n}$, des attentes (A) que le travailleur place dans son emploi, chacune de ces attentes ayant une désirabilité, une importance, une valence (V) plus ou moins grande.

Ainsi, dans les emplois d'encadrement, les principaux résultats attendus sont la responsabilité dans l'établissement des méthodes, l'utilisation et le développement de ses propres capacités, le partage des informations importantes pour l'entreprise : ces résultats ont en général une valeur primordiale pour les cadres, alors que l'autorité et le prestige reconnus dans et hors de l'entreprise n'ont qu'un valeur moindre et moindre encore les contacts sociaux dans l'équipe de travail. Mais, selon les individus cadres, l'ordination de ces valences ne sera pas entièrement la même. Il y a des variations individuelles dans la valence des résultats attendus par les cadres. Cette hiérarchie des résultats attendus a été récemment établie en France par Robert Francès (1982). Dans les emplois moins élevés dans la hiérarchie, les résultats attendus sont l'intérêt de la tâche, la reconnaissance par l'organisation et par le supérieur hiérarchique, un bon salaire, etc.

La satisfaction quant à elle implique, non seulement ces résultats attendus affectés de leurs valences respectives, mais une confrontation de ceux-ci avec les résultats obtenus *(O)* C'est la somme des différences entre les aspirations et ce que le travailleur rencontre effectivement dans l'emploi :

$$S = \sum_{n=1}^{k} /A-O/V \quad ^1$$

On voit tout de suite plus clairement ce qu'il y a de commun à la motivation et à la satisfaction : l'ensemble des résultats attendus affectés de leurs valences. En d'autres termes, la magnitude des résultats attendus pour un emploi donné multipliée chacune par un coefficient de valence détermine à la fois la motivation et la satisfaction dans cet emploi : *on ne peut être satisfait si l'on n'est pas motivé pour tel ou tel aspect de l'emploi*, c'est-à-dire si l'on n'en attend pas tel ou tel résultat, financier, de considération, d'investissement concret de ses capacités, en y attachant de l'importance ou de la désirabilité, c'est-à-dire de la valence.

Mais, on peut être motivé sans être satisfait, si l'on n'a pas, dans tel emploi, obtenu des résultats à la mesure de ses attentes; ce qui distingue motivation et satisfaction, c'est *l'ensemble des résultats rencontrés* dans l'emploi : s'ils ne sont pas à la mesure des attentes, on est insatisfait, mais on cherche encore à les atteindre, on y attache de la valence (on est donc motivé *pour eux*, même si l'on n'**en** est pas satisfait).

Cette relative indépendance de la motivation et de la satisfaction s'entend, nous le verrons plus bas, à certains moments d'une carrière : soit au début, lorsque les attentes n'ont pas été émoussées par des déceptions prolongées (les écarts A-0 sont grands pour divers résultats, mais leurs valences sont encore vives), soit à la fin (lorsque les écarts ont diminué), mais lorsque les déceptions ont peu à peu érodé les valences, la satisfaction peut être relativement élevée, parce qu'on a obtenu ce que l'on attendait, mais on n'y tient plus beaucoup parce que l'on a trop longtemps attendu les résultats enfin atteints.

VARIATIONS HISTORIQUES ET GÉOGRAPHIQUES DES MOTIVATIONS

Une contre-épreuve de l'importance des motifs comme déclencheurs de l'activité de travail nous est donnée par leurs variations dans le temps et selon les pays aujourd'hui, telles que des historiens ou des sociologues peuvent les établir. Nous ne ferons qu'esquisser leur tableau, puisque le centre d'intérêt de notre étude est le fonctionnement des conduites de travail aujourd'hui en Occident.

A propos des variations historiques J. Ellul (1982) nous rappelle que le contenu des motivations a fortement varié au cours de l'histoire, non pas tellement selon les conditions matérielles de vie, mais selon les croyances concernant la vie et les relations sociales, d'après les idéologies instaurant telle ou telle référence à un champ de valeurs propres à chaque époque.

Dans l'Antiquité, l'idéal de vie des hommes libres, riches ou non, c'est le non-travail (nec otium), occupé par des activités enrichissantes : culture, politique. S'il est financièrement gêné, l'homme libre entre comme client dans une famille riche dont il contribue à augmenter l'influence politique. Le travail est donc réservé aux esclaves, producteurs directs des champs et des villes.

Dans un tel univers, l'activité de travail est donc avant tout une *obligation* limitée aux couches serviles et n'a aucune autre valeur que d'assurer la vie et la subsistance. Nous dirions aujourd'hui qu'il n'a que des attributs extrinsèques (rétribution, sécurité) dont aucun ne suppose une aspiration.

Le Moyen-Age, avec l'extension du christianisme, voit l'établissement de trois attributs de valeurs porteurs chacun d'une aspiration ancrée dans la religion chrétienne ou l'héritage biblique qu'elle recueille : d'une part, le travail, résultat de la condamnation primitive de l'homme pêcheur, est une nécessité expiatoire plutôt qu'un devoir. L'étymologie du terme renvoie à l'Antiquité : le *tripalium* (d'où le mot travail est issu) était un système de trois pieux (ou pals) fichés en terre auxquels l'esclave était attaché. Mais cet attribut, en tant qu'expiatoire, est distinct de la pure instrumentalité de l'otium. L'homme médiéval n'est pas enchaîné à sa tâche par la seule force de son maître, mais par la volonté de son créateur, le Père éternel, toute justice et bonté.

Mais, ajoute Ellul, la valeur expiatoire est doublée à partir du Xe siècle d'une valeur salvatrice : parce qu'il comporte de la souffrance, et seulement dans cette mesure, le travail permet de racheter le péché originel et nos péchés avec, à l'horizon, l'espoir d'une vie éternelle toute positive !

C'est pourquoi, le travail non-pénible dans le commerce ou la finance est déconsidéré et, par suite souvent réservé aux non-chrétiens. Enfin, le bas Moyen-Age, avec la Réforme, voit apparaître une réhabilitation du travail. Avec Luther, il n'y a plus de distinctions entre prêtres et laïcs. Les uns et les autres à leur manière sont au service de Dieu. L'entreprise humaine de fabrication ou de commerce, lorsqu'elle réussit, témoigne qu'elle a été reconnue par lui. Il y a dans cette valeur une stimulation d'où naîtront, dans les pays protestants, les premières industries. Or, la réussite est mieux assurée si le travail qu'on a choisi est conforme aux capacités de la personne. D'où l'idée de choisir une vocation de travail particularisée pour se conformer aux «dons» que l'on a reçus et de les faire fructifier.

Le psychologue du travail a beaucoup à retenir de ces éléments idéologiques : certains travailleurs d'Occident travaillent sous la houlette de l'obligation et du rachat. D'autres notions, totalement laïques, semblent des traductions du langage médiéval : l'implication personnelle (comme adéquation de la personnalité aux attributs de l'emploi) telle que certains psychologues l'ont conçue rappelle la vocation. Et c'est un puissant motivateur.

Enfin, avec les temps modernes, le travail devient valeur principale de la société. Les classes aisées (d'abord les moines, puis au XVIIIe siècle, le clergé et la noblesse) sont déconsidérées. Voltaire nous enseigne que «le travail produit les bonnes mœurs». Cette vertu s'étend aux ouvriers, mais aussi aux patrons des manufactures qui se développent rapidement, sous un coup de fouet motivationnel comparable dans un pays catholique, à l'élection divine dans les pays protestants. L'utilité sociale, attribut de tout travail, même artistique, est une valeur qui a animé les doctrines socialistes avant Marx. Adler, qui est dans son œuvre demeuré proche de l'observation, fait du travail (avec la sexualité et l'affectivité) une des trois composantes de la personnalité. Le retraité, lorsqu'il vient à en manquer, se tourne souvent vers le bénévolat pour contribuer à l'utilité sociale.

Dans les pays socialistes d'Europe de l'Est, ou d'Asie, le travail est sacralisé dans la mesure où il est le seul moyen pour l'édification de la société socialiste. Cet idéal aboutit à la suppression des primes monétaires, mais à l'instauration de stimulants moraux, tels le titre de meilleur ouvrier d'URSS, de Cuba ou de Chine.

Cependant, les pays occidentaux sont trop diversifiés pour qu'une seule valeur soit attachée au travail par tous : à côté des héritages de la religion biblico-chrétienne, catholique ou réformée, du socialisme prémarxiste et marxiste, il y a des valeurs engendrées par la vie moderne qui établissent des échelles selon que le travail est plus ou moins qualifié, autonome, considéré, ou bien qu'il permet une expression de soi, une certaine créativité. La transcendance théologique ou philosophique cède peu à peu le pas à des attributs immanents à l'individu ou à l'environnement social que les mass media consacrent et tendent à promouvoir.

A ces valeurs intrinsèques s'ajoutent les valeurs économiques de plus en plus importantes : le salaire, le traitement, le cachet permettent la consommation, elle-même exaltée par le martelage incessant des médias, selon sa quantité mais surtout selon sa qualité. Dans les classes moyennes, notamment, la qualité de la consommation est de plus en plus symbolique d'un statut, d'une mode, d'objectifs sociaux qui se périment au fur et à mesure de leur diffusion et de leur extension. Nous sommes loin du salaire tel qu'il est conçu dans la philosophie marxiste, simple moyen de réparer sa force de travail (qui subsiste peut être encore dans certains emplois situés au bas de l'échelle sociale.

Les comparaisons géographiques des systèmes de valeur touchant le travail sont relativement rares. Aujourd'hui, elle mettent très souvent en jeu la société japonaise et celle des Etats Unis. Les plus complètes y ajoutent au moins un pays développé d'Europe. C'est le cas de l'étude d'England (1990) qui a porté sur près de 1000 sujets, tirés au hasard, Allemands, Japonais et Américains du nord aux niveaux socio-professionnels hiérarchisés : ouvriers, employés, cadres et professions libérales. A tous ces enquêtés est administrée l'échelle de signification du travail (Meaning of working) mise au point en 1987 par une équipe internationale de chercheurs. Cette échelle comprend onze items qu'ils doivent classer par les degrés d'importance qu'ils leur accordent (nous verrons plus bas que les questionnaires de motivation utilisent toujours cette question «d'importance» pour détecter les motifs auxquels les sujets peuvent être attachés).

Les résultats recueillis sont traités par une analyse hiérarchique en clusters utilisant les rangs, aboutissant à huit patterns (combinaisons-types de trois motifs liés entre eux et appartenant prioritairement à certains enquêtés). Une analyse discriminante montre que les trois-quarts de l'échantillon total y sont classés. L'opposition géographique est celle des travailleurs japonais aux travailleurs allemands ou américains. Les premiers sont (significativement plus souvent que les autres) attachés, toutes catégories professionnelles confondues, aux deux clusters suivants : «Equilibre entre la centration sur le travail et les valeurs économiques» et «Centration sur l'expression de soi dans le travail et non-centration sur les valeurs économiques». Inversement, les allemands et les américains sont (significativement plus que les japonais) attachés aux deux clusters suivants : «Non centrés sur l'emploi, mais sur le devoir» et

« Centrés à un degré élevé sur les devoirs et droits économiques (salaire, sécurité économique) ». Or, si l'on stratifie l'échantillon, toutes nations confondues, selon les quatre niveaux socio-professionnels, on constate que les deux patterns de valeurs caractérisant les Japonais dans leur ensemble prédominent chez les cadres et membres des professions libérales, alors que ceux des Américains et des Allemands dans leur ensemble prédominent chez les ouvriers et les employés. Les Japonais ont donc en quelque sorte, plus que les autres, une « mentalité de cadres » et les occidentaux une « mentalité d'employés ». La même conclusion peut être tirée de l'étude non-quantitative de Hatvany et Pucik (1983). Leur analyse de « l'expérience japonaise » consiste à dire qu'elle représente un système intégré de management qui explique la haute productivité de ses entreprises. Ce système avec ses principes propres pourrait être, selon eux, exporté (cet avis n'est que rarement partagé) vers d'autres pays tels que les Etats Unis. Il est modélisé à trois niveaux d'élaboration :

a. les buts (accent mis sur les ressources humaines et leur développement) ;

b. les stratégies générales (développement d'un marché du travail intérieur à l'entreprise, articulation sur une philosophie unique de l'entreprise, socialisation intensive, élévation du niveau éducatif, création d'une identification à la société) ;

c. enfin, les techniques spécifiques (attention portée aux employés, facilitation des contacts avec les cadres, activités culturelles, etc. évaluation collective du travail et pressions du groupe, etc.). Bref, le système japonais crée à tous ces niveaux une série de liens organiques des employés avec leur entreprise qui contraste avec l'isolement et l'anonymat du système occidental où les employés n'ont comme lien avec l'entreprise que les valeurs économiques.

Ce tableau succinct des variations historiques et géographiques des motivations au travail permet de conclure que leur variété interdit d'en faire un simple « carburant » de l'activité de travail.

LES CRITÈRES OBJECTIFS DE LA MOTIVATION ET DE LA SATISFACTION AU TRAVAIL

Dans l'ensemble des travaux sur ces deux questions, il est constant de relever des critères comportementaux distincts que l'on a définis et plus ou moins bien établis *pour valider les mesures* de motivation et de satisfaction : la motivation, dans ses variations, est évaluée par des indices déclaratifs[2] (inventaires, échelles) dont on cherche les corrélations avec l'efficience *individuelle*, la productivité. La satisfaction, évaluée par des indices du même type[3] a souvent pour critère de validité l'absentéisme ou le turnover ou bien encore l'intention de démissionner, critère déclaratif dont on a montré la corrélation significative avec le départ effectif.

Nous verrons qu'il est dans la nature de la motivation et de la satisfaction d'avoir respectivement ces deux critères : on est motivé pour faire son travail et l'on est satisfait de son emploi. Ceci sera plus clair lorsque nous aurons explicité plus complètement le concept de motivation d'après la théorie «cognitiviste».

L'ENCHAÎNEMENT DES NOTIONS DE MOTIVATION, DE SATISFACTION ET DE PERFORMANCE DANS LES SITUATIONS DE TRAVAIL

Le présent chapitre porte un sous-titre plus précis que «la motivation au travail», titre trop général et qui n'a guère de sens pour un traité destiné en partie à éclairer des praticiens. La motivation au travail, en elle-même, n'est guère distincte des autres motivations humaines ou même animales. Les termes dans lesquels la théorie cognitiviste l'a analysée conviennent aussi bien aux motivations alimentaires, sexuelles ou intellectuelles.

En revanche, l'efficience et les facteurs de motivation *dans les situations de travail* est un intitulé bien plus spécifique et qui encadre bien mieux notre propos. Il y a dans les situations de travail, des aspects propres qui n'existent pas dans d'autres situations (comme la participation aux décisions, la reconnaissance par les supérieurs hiérarchiques, etc.). Par ailleurs, le souci constant de relier les facteurs de motivation à l'efficience nous place sans cesse au plan de la validation de ces facteurs de motivation par le comportement productif. Il nous empêche de présenter des concepts, des enquêtes, des résultats empiriques sur des données simplement verbales sans égard aux critères externes qui les étayent dans de nombreuses recherches de terrain faites sur les motivations telles qu'elles sont, dans des expériences faites pour motiver les travailleurs dans les entreprises. Il est vrai qu'il y a dans ce souci d'ordre scientifique un prolongement d'ordre économique que certains ont dénoncé comme entaché de taylorisme (cf. Montmollin, 1982) comme si la rentabilité des entreprises était maudite, comme si le travail démotivé était béni ; alors que d'autres ont souligné la nécessité de ce pragmatisme trop souvent ignoré par les psychologues lorsqu'ils dénoncent le travail en miettes ou proposent des solutions irréalistes ou encore étudient un travail « en soi » dont on ne voit guère ce qui incite les travailleurs à l'entreprendre, à le poursuivre, ni les organisations à l'améliorer (Savall, 1975).

De toute manière, il est important d'établir d'emblée qu'un enchaînement linéaire (et encore moins causal) de la motivation, de la satisfaction et de la performance, comme le bon sens pourrait le suggérer, n'a jamais été soutenu par la psychologie du travail, au vu des résultats statistiques établis. Dès 1964, Vroom établissait le bilan suivant : il n'y a que de très faibles corrélations entre satisfaction au travail et performance. On ne peut donc pas dire que plus les travailleurs sont satisfaits, plus ils produisent. En 1971, au terme d'une étude très pénétrante concernant les dimensions des postes de travail qui déterminent la satisfaction, Hackman et Lawler — dont nous parlerons plus bas — montrent que celle-ci est bien corrélée avec la variété, l'autonomie, l'identité des tâches, la connaissance qualitative des résultats (feedback), les relations opératoires ou optionnelles entre les travailleurs, et cela d'autant plus que les travailleurs y sont sensibles (d'après leurs déclarations). En revanche, ni la qualité, ni la quantité du rendement ne sont corrélées avec ces dimensions, que les travailleurs y soient très ou peu sensibles (voir tableau page). Si l'on fait abstraction de cette distinction, on trouve tout de même certaines corrélations positives entre dimensions des poste et qualité du rendement, sauf entre les dimensions psychosociales et le rendement, où ces corrélations sont négatives.

Les situations de travail ont donc deux effets distincts, satisfaction et efficience, faiblement corrélés entre eux. Ceci pour plusieurs raisons :

1. d'abord, parce que, comme on l'a vu plus haut, si la motivation est un processus qui tend vers l'accomplissement de l'activité de travail, la satisfaction est une perception qui apprécie la conformité des situations de travail aux attentes plus ou moins élevées des travailleurs ;

2. ensuite, parce que la performance est toujours, dans ses variations, déterminée pour une part seulement par les motivations, et pour une part non négligeable par les *capacités* plus ou moins éducables des travailleurs. Celles-ci sont prédictives par les tests de sélection, et non pas uniquement par les intérêts (qui sont du reste des pré-motivations, c'est-à-dire des orientations générales antérieures au choix professionnel).

Dans une étude déjà ancienne, mais bien faite et unique en son genre, Gadel et Kriedt (1952) ont trouvé, sur quelque 200 opérateurs IBM les intercorrélations suivantes :

Tableau 1 — **Prédiction de la satisfaction et de la performance**
(d'après Gadel et Kriedt, 1952)

	Performance	Satisfaction	Intérêts
Satisfaction	.08		
Intérêts	.08	.44 xx	
Aptitudes	.41 xx	-.11	-.11

Les aptitudes sont mesurées par une batterie de tests sélectionnés d'après des études antérieurs (compréhension mécanique, raisonnement arithmétique, etc.). Les intérêts le sont par un questionnaire portant sur les intérêts scolaires, de loisirs et de travail de la population en cause, ayant une valeur prédictive plus grande dans l'orientation professionnelle que ceux de Strong et de Kuder. Enfin, la performance est une appréciation générale donnée par les supérieurs hiérarchiques et la satisfaction est mesurée par dix items soumis aux opérateurs portant sur divers aspects de l'emploi.

On voit que, parmi les six corrélations, deux seulement sont notables et significatives, alors que les autres sont faibles ou nulles : la prédiction de la performance n'est possible que par les aptitudes et non par les intérêts. La prédiction de la satisfaction n'est possible que d'après les intérêts et non d'après les aptitudes. Et entre satisfaction et performance la corrélation est nulle. Soulignons encore que les intérêts mesurés ici ne sont pas vraiment des motivations : celles-ci naissent au contact de l'emploi, sont spécifiques des situations concrètes offertes par lui.

Bien que nul n'ait contesté ce principe d'interaction entre capacité et motivation, dont l'origine remonte à Vroom (1964) on s'est peu à peu préoccupé de préciser ce modèle en y introduisant des variables qui puissent le rendre utilisable dans diverses circonstances. Le bilan de ces recherches est clairement présenté dans la monographie de Kanfer et Ackerman (1989) qui, en outre y décrivent trois expériences de terrain tenant compte du type de capacités en question (générales ou spécifiques de la tâche mesurée), de l'étape de l'apprentissage c'est-à-dire de la maîtrise de la tâche et enfin de l'intervention précoce ou tardive d'une motivation représentée par un but assigné avec connaissance du résultat (feed-back).

Les recherches ont lieu dans une base aérienne civile et portent sur plus de 300 sujets en apprentissage au contrôle du trafic aérien. Leur tâche, réalisée sur ordinateur, doit tenir compte de variables spatiales et de la disponibilité en carburant annoncée par les pilotes. Une partie des sujets reçoit avant le deuxième essai un énoncé de but incitatif prescrivant un certain rythme de traitement des problèmes, essai par essai, l'autre partie n'en reçoit pas, mais seulement une consigne du type «faites de votre mieux». Les capacités sont mesurées par des batteries de tests soit généraux, soit spécifiques (de rapidité perceptive).

Enfin les corrélations des performances avec les capacités des deux types sont mesurés pour chaque essai jusqu'au dixième. Elles sont équivalentes au départ dans les deux groupes, ce qui montre leur équivalence. Mais avec l'introduction de la motivation les corrélations du premier type s'abaissent plus fortement dans le groupe motivé que dans le groupe non motivé, ce qui indique *une moindre dépendance à l'égard des capacités générales* sous l'effet de la motivation. En revanche les corrélations avec la capacité spécifique de vitesse perceptive s'accroît d'un essai à l'autre et plus fortement dans le groupe non motivé que motivé. Dans l'ensemble, ces résultats montrent qu'au cours de l'apprentissage l'induction d'un but modifie le rôle des aptitudes générales ou spécifiques dans les niveaux de performance.

L'expérience suivante portant sur des pilotes de l'air à l'entraînement chez lesquels l'assignation de but est plus tardive que dans la première (4ᵉ essai) montre le même schéma dans ses résultats.

Enfin la troisième expérience vise à comparer l'interaction dans le cas de tâches apprises dans des conditions *déclaratives* (apprentissage des règles du contrôle et réponse verbale à des questionnaires sur des cas précis) ou des conditions *procédurales* (réponses au clavier). Les résultats montrent que, dans l'apprentissage procédural le but assigné a une influence négative sur la performance plus intense sur les sujets à faibles capacités qu'à fortes capacités; dans l'apprentissage déclaratif, le but assigné à une influence positive sur la performance, plus intense chez les sujets à faible capacité que chez ceux à forte capacité.

Comme tout apprentissage commence par une phase déclarative, il faut en conclure que la fixation de but doit être introduite après qu'une certaine acquisition se soit installée et ceci d'autant plus que les capacités des sujets sont faibles. D'une manière générale l'intervention de la motivation est un détournement de l'attention qui doit être assez tardif pour permettre une compréhension suffisante de la structure cognitive de la tâche.

3. Les deux effets des situations de travail (satisfaction et efficience), s'ils sont conçus aujourd'hui comme relativement indépendants, sont ce-

pendant conçus comme médiatisés par des *variables intermédiaires*[4] intervenant entre ces situations proprement dites et chacun des deux effets. Ces variables recouvrent certains éléments motivationnels qui, d'une part incitent à l'efficience et d'autre part sensibilisent les travailleurs aux aspects des situations de travail qui peuvent les conduire à la satisfaction.

Les variables intermédiaires sont, soit organisationnelles (le climat, les incitations à s'impliquer dans le travail), soit socio-démographiques (- l'idéologie des classes moyennes, inverse du syndrome d'urbanisation, qui conduit, par exemple, les travailleurs d'origine rurale d'une part à s'impliquer dans l'emploi, à y être plus efficients et d'autre part à être satisfaits de cet emploi plus que les travailleurs d'origine urbaine), soit des variables individuelles (besoin de réussite, besoin «d'ordre supérieur» en matière de travail) qui sont parfois en rapport avec les précédentes mais que l'on a étudiées comme telles sans en chercher l'origine.

Voici deux exemples de recherches où ces variables intermédiaires sont présentées avec leurs effets distincts sur l'efficience et sur la satisfaction.

Dans le secteur secondaire, Katzell et Coll (1961) ont étudié le syndrome d'urbanisation d'après des caractéristiques «situationnelles» socio-démographiques de l'implantation de 72 succursales d'une firme de distribution de produits pharmaceutiques. Ces succursales ont des méthodes de travail standardisées, mais des localisations géographiques très variées puisqu'elles sont situées sur tout le territoire des Etats-unis. Le personnel étudié fait l'état des approvisionnements nécessaires au stock en partant des commandes des clients. On peut ainsi décompter le nombre de produits inscrits par heure (quantité de travail), les erreurs commises (qualité du travail), etc. Des mesures de satisfaction sont pratiquées à l'aide d'un questionnaire de 47 items couvrant les divers aspects des emplois (nature du travail, salaire, conduite des supérieurs, administration, etc.).

Le syndrome d'urbanisation (appelé aussi par Hulin en 1966 «attentes liées au travail» ou bien «aliénation par rapport aux normes des classes moyennes» par Blood et Hulin en 1967) est établi par des mesures telles que l'effectif de la succursale, la grandeur de la commune, le niveau des salaires, le taux de syndicalisation et le pourcentage d'hommes dans la population active. Ces variables sont très fortement intercorrélées, sauf le pourcentage d'hommes. Une analyse factorielle fait ressortir une dimension appelée «syndrome d'urbanisation» saturant ces variables négativement. Entre l'intensité de ce syndrome et les mesures de rendement (quantité et rentabilité du travail, mais non qualité) les corrélations sont toutes négatives : le rendement est d'autant plus élevé que ce syndrome est faible.

De même, les corrélations entre mesures de satisfaction et intensité du syndrome sont toutes négatives et significatives. Enfin, il y a dans cette étude une corrélation faible entre satisfaction et quantité de travail que les auteurs interprètent ainsi : c'est la grandeur de la performance qui conduit à la satisfaction et non l'inverse. Dans les petites succursales implantées dans des communes de faible importance, le personnel, peu syndicalisé, touchant un salaire relativement bas, subit deux types d'influence : l'une sur la satisfaction, l'autre sur la performance. Le niveau d'adaptation est faible puisqu'il est lié à un environnement médiocre au plan socio-économique. D'où une satisfaction relativement élevée par rapport aux succursales présentant les caractéristiques opposées. L'autre influence concerne le rendement : la faible urbanisation crée des motivations consistant pour l'essentiel à s'élever socialement par le travail. De là cette faible corrélation entre satisfaction et performance ayant une origine commune, mais sans que l'on puisse évidemment faire d'imputation causale.

Dans le secteur tertiaire, de même, Lawler et Coll (1974)) ont étudié le même effet double, présenté dans un modèle analogue, mais à propos du climat de 21 laboratoires de recherche appliquée comptant au total quelque 300 chercheurs encadrés par 117 directeurs, dont l'âge et l'ancienneté sont connus.

La variable intermédiaire, le climat, est définie comme l'ensemble des impressions et perceptions subjectives qu'ont ces chercheurs de leur propre unité de travail. Le climat perçu résulte en dernière analyse des activités et interactions quotidiennes. Il a une relation avec la satisfaction, d'une part l'implication, d'autre part et, par contre-coup, avec la performance. Il est ici étudié comme dépendant :

a. de variables de structure : étendue du contrôle (nombre d'employés par contremaître), taille de l'unité, nombre de niveaux hiérarchiques, rapport taille/niveaux au-dessus du directeur,

b. de variables processuelles : contrôle de la productivité (nombre de contrôles par an et influence de ces contrôles sur les rémunérations), autonomie dans le choix des projets, généralité ou spécificité des ordres donnés aux chercheurs, existence d'un budget pour des recherches informelles.

Toutes ces variables sont mesurées par un questionnaire proposé aux Directeurs des laboratoires qui, par ailleurs, estiment la performance «technique» et la performance «administrative» de leur unité, par comparaison avec les autres, sur une échelle «centilée» en six tranches («parmi les 5% les plus élevés... les 25% les plus bas»).

Une autre mesure de la performance dite «objective» est utilisée. C'est un score composite tiré d'indices budgétaires, du nombre de contrats extérieurs et intérieurs obtenus dans l'année, du nombre de projets terminés dans le délai prévu, du nombre de projets renouvelés avec le budget prévu.

Le climat perçu est mesuré par 15 échelles bipolaires dont, après une analyse factorielle, on tirera les dimensions suivantes : compétence, puissance, responsabilité, réalisme, goût du risque, impulsivité. Ces échelle sont proposées *aux chercheurs* qui indiquent par ailleurs deux niveaux de satisfaction sur six échelles de type Porter[5], concernant l'estime de soi, tirée de l'emploi, l'accomplissement, l'autonomie, le salaire, etc.

Les résultats sont en bref les suivants : entre les cinq dimensions du climat et les mesures de productivité, il y a seulement cinq corrélations sur dix qui sont positives et significatives (en excluant la mesure «technique» qui s'avère être trop subjective). Mais c'est la dimension responsabilité qui s'avère la mieux corrélée avec la performance administrative et objective.

Dans l'ensemble, les auteurs aboutissent au modèle suivant partant des corrélations médianes obtenues entre les cinq catégories de variables.

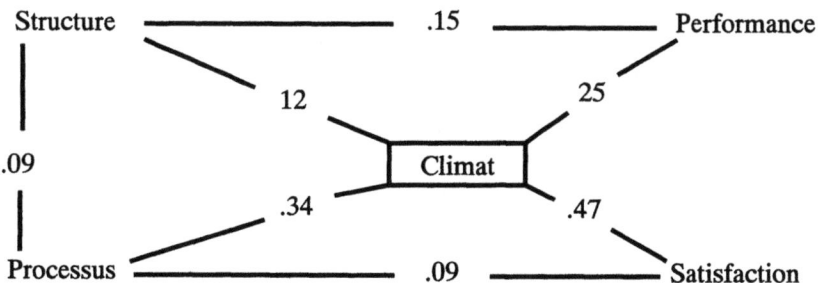

On voit que le climat est surtout influencé par les variables de processus (et non de structure). Le climat, à son tour, influence surtout la satisfaction et à un moindre degré la performance. Il est surprenant, disent les auteurs de constater que les variables de structure ou de processus ne soient corrélées, ni avec la satisfaction, ni avec la performance : ceci est explicable par la nature du travail fait (recherche et non production industrielle)[6]. On peut ajouter que le climat, comme variable intermédiaire apparait ici avec une certaine netteté : les variables qui le déterminent, en grande partie processuelles, annoncent des types de motivation que nous décrirons plus loin à propos des théories du contenu. Ce sont, soit des incitateurs-motiveurs, des facteurs soit «intrinsèques[7]» (budget pour des recherches informelles, autonomie dans le choix des projets, encouragement à la coopération), soit «extrinsèques» (contrôle de la productivité influant sur la rémunération, généralité-spécificité des ordres donnés aux chercheurs (valorisation de soi, gains monétaires, etc.) et sources de satisfaction lorsque ces résultats correspondent aux attentes des travailleurs.

4. Une dernière raison empêche de considérer le rendement comme un effet de la satisfaction. Elle a été indiquée à propos des deux recherches précédentes : lorsqu'on trouve une certaine corrélation entre ces deux variables, on peut, avec plausibilité, dire que les performances élevées, dans des situations de travail prometteuses de résultats intéressants pour les travailleurs, soit dans le présent, soit dans l'avenir, sont à leur tour source de satisfaction de l'emploi. L'étude de Kesselman et Coll (1974) est une des rares qui ait porté sur ce point précis. Elle part de l'idée que lorsqu'il y a relation entre satisfaction et performance, c'est la performance qui engendre la satisfaction. Mais ceci n'arrive que s'il y a une dépendance quantitative entre la performance et certains avantages, dont la rémunération (ou des primes). L'étude de terrain met en jeu deux échantillons féminins (dessinatrices et facturières) d'une compagnie de téléphones. Les deux groupes ont les mêmes horaires, une formation et un mode d'évaluation équivalents. Mais les dessinatrices ont, outre un salaire dépendant de l'ancienneté (comme les facturières), des primes à la pièce fondées sur le dépassement de la production moyenne hebdomadaire. Ces primes sont versées tous les trois mois. La satisfaction de toutes ces travailleuses est mesurée par le *Job Descriptive Index* (J.D.I.) de Patricia Smith (1969) aux qualités métrologiques éprouvées, et le rendement par des échelles remplies deux fois l'an par les supérieurs.

Testant d'abord une hypothèse selon laquelle la performance serait supérieure dans un système où elle est gratifiée par des primes plutôt que dans un système d'indépendance entre performance et rémunération, les auteurs ne trouvent pas d'écart significatif entre la production des dessinatrices et des facturières (mais cela peut être dû au mode d'évaluation des unes et des autres). Ils s'assurent cependant par un questionnaire inclus dans le J.D.I. que, dans les perceptions des unes et des autres, la dépendance et l'indépendance sont bien réelles. Il s'avère que la dépendance rémunération/performance est affirmée significativement plus souvent par les dessinatrices que par les facturières. La deuxième hypothèse (corrélation performance-satisfaction) est alors testée au moyen de cinq échelles du J.D.I. Les cinq corrélations sont, dans les deux groupes, positives mais pas toujours significatives. Dans le groupe des dessinatrices, les seules corrélations significatives concernent la tâche, la paye, les possibilités de promotion. Dans celui des facturières, la corrélation concernant les possibilités de promotion n'est pas significative (mais celle qui concerne la paye l'est). En revanche, celles qui concernent les aspects inter-personnels de l'emploi (collègues et supérieur hiérarchique) sont plus élevées chez les facturières que chez les dessinatrices. Il semble que le système de primes introduit une ambiance de rivalité entre les travailleuses et de déférence envers le supérieur hiérarchique que l'absence de primes leur épargne.

Dans l'ensemble, disent les auteurs, les résultats comparatifs ne sont pas très tranchés quant à la corrélation entre satisfaction du salaire et performance parce que, dans les deux groupes, le salaire est en grande partie calculé selon l'ancienneté. D'autre part, la variable rémunération n'est pas manipulée mais invoquée : il s'agit d'une étude corrélationnelle.

Sur le même point, pourtant, une manipulation dans une recherche de simulation, ne donne pas de meilleurs résultats. Ainsi, Pritchard (1973) a tenté d'éprouver l'idée de Lawler et Porter selon laquelle la corrélation entre performance et satisfaction n'apparait que dans des situations à haute instrumentalité performance/récompense, c'est-à-dire à forte liaison entre productivité et salaire. Dans deux expériences, des étudiants de premier cycle (College) sont recrutés par voie d'affiche pour accomplir une tâche de bureau très voisine de celles que le travail temporaire offre à ces jeunes. Les uns sont payés à l'heure, les autres au rendement de chaque heure. Dans la première expérience, leur travail dure quatre heures trois jours consécutifs, dans la deuxième (où l'on fait varier aussi les niveaux de rémunération), la tâche ne dure qu'une demi-heure. La satisfaction est mesurée en chaque fin de journée par un item de M.S.Q. (Minnesota Satisfaction Questionnaire) et par le J.D.I. complet. Seul l'item du M.S.Q., uniquement dans la première expérience, apporte un soutien à l'hypothèse : les corrélations médianes sont, en cas de payement à la pièce de .28 et de -.06 en cas de paiement à l'heure. Pourtant, dans cette expérience, le gain monétaire total est le même dans les deux conditions de payement. C'est donc la seule modalité conditionnelle de la paye au produit qui introduit cette faible différence. On peut avec l'auteur de cette recherche admettre que le modèle de Lawler et Porter n'est pas étayé par les faits qu'elle rapporte.

Pour toutes ces raisons donc, il n'est pas admissible qu'un enchaînement linéaire (et encore moins causal) existe entre satisfaction et performance de travail. L'une et l'autre sont des effets indépendants des situations de travail.

RÉSUMÉ DU CHAPITRE 1

La motivation au travail est l'ensemble des aspirations, ou des attentes liées à l'emploi occupé par un travailleur, liées chacune à un but, de nature matérielle ou psychologique, ayant chacune une importance (une valence) propre.

1. Cette motivation a donc *les mêmes contenus* que la satisfaction, mais celle-ci comporte une confrontation de ce qui est attendu à ce qui est réellement obtenu dans l'emploi : les corrélations entre ces deux variables sont toujours faibles. En revanche il y a souvent des corrélations positives entre motivation et performance, qui ne sont pas très élevées par ce que, alors que la motivation ne suppose pas cette confrontation. C'est pourquoi motivation et satisfaction ont un aspect commun (les attentes), mais sont distinctes : on peut être motivé et non satisfait de son emploi (pendant un certain temps), mais on ne peut en être satisfait sans avoir été motivé.

2. Les *variations historiques et géographiques de la motivation* au travail ont porté sur les valeurs spirituelles ou sociales attachées à l'acte de travailler (valeur de «rachat», selon la religion, valeur d'utilité sociale, selon les idéologies modernes, etc.). Même de nos jours il y a des différences selon les continents par exemple entre Japonais et Occidentaux, des attachements à des «ensembles de valeurs» différentes.

3. Il n'y a pas de *relations quantitatives entre motivation et satisfaction* : les corrélations entre ces deux variables sont toujours faibles. En revanche il y a souvent des corrélations positives entre motivation et performance, qui ne sont pas très élevées parce que celle-ci dépend aussi des capacités. La satisfaction dépend avant tout des intérêts et des facteurs de situation de l'emploi.

4. *Satisfaction et efficience sont deux effets distincts des situations de travail* médiatisés par des variables intermédiaires

a. soit organisationnelles (le climat de l'entreprise ou du service);

b. soit socio-démographiques (l'idéologie du travailleur variable selon son origine rurale ou urbaine, par exemple).

Dans l'ensemble donc *il n'y a pas d'enchaînement entre satisfaction et performance, mais une dépendance de ces deux effets à l'égard* de variables intermédiaires qui elles, recèlent les motivations au travail : les unes étant circonstancielles (le climat), les autres plus générales (l'idéologie).

NOTES

[1] Ou pour être plus précis et pour tenir compte des nécessités algébriques : $S = 1 - \Sigma$
Selon cette formule, plus les attentes dépassent ce qui est obtenu, moins la satisfaction est grande, pour un résultat déterminé (salaire par exemple). D'autre part, la différence A-O doit être pondérée par la grandeur de l'attente, ce qui est également correct. Ce modèle d'écart est celui que Katzell a proposé pour la satisfaction du salaire. Il peut, selon nous, être adopté pour chacune des attentes liées à un emploi à condition de concevoir que tous les termes (A, O, etc.) sont des estimations subjectives que le travailleur peut donner (et cela difficilement) et non des quantités objectivement mesurables.

[2] Ces scores d'importance sont censés correspondre aux attentes multipliées par les valences. On les trouve utilisées dans des échelles destinées aux cadres concernant en général l'importance attachée à tel ou tel aspect, sans se référer directement à l'emploi (Porter 1962, Frances 1982 : Inventaire de motivations appliqués aux cadres IMAC).

[3] Concernant la **réalité de ces aspects dans l'emploi**. Ces scores mesurent en fait la satisfaction tirée de chacun des aspects : tâche, salaire, promotion, attitude du supérieur hiérarchique, collègues de travail. Un des meilleurs inventaires en langue anglaise est le Job Descriptive Index de P.C. Smith (1969), le seul existant en langue française pour le personnel encadré est le QST (Questionnaire de Satisfaction au Travail) de J.L. Mogenet (1985), et pour les cadres, l'ISAC (Inventaire de Satisfaction Appliqué aux Cadres, Francès 1982).

[4] Ce sont plutôt des variables «modératrices», car les variables intermédiaires sont en général inobservables. Nous gardons le terme «intermédiaire» pour rappeler que les motivations s'interposent entre les situations de travail et leurs deux effets sur les travailleurs (bien qu'ayant été acquises auparavant, antérieurement à l'observation).

[5] Voir ci-dessous page 47.

[6] Et probablement par la faible dispersion de certaines mesures, notamment de structure : les 21 laboratoires ne doivent guère différer entre eux par la taille ou par les modalités de la hiérarchie.

[7] Au sens de Herzberg (voir ci-dessous page 61-64).

Chapitre 2
Théories de la motivation au travail : le processus

Le recueil cumulé de connaissances sur un problème et sa systématisation aboutissent à la formulation de théories qui, elles-mêmes, permettent de formuler de nouvelles hypothèses particulières susceptibles d'être vérifiées par la recherche.

Celle-ci en psychologie du travail est le plus souvent de la recherche «de terrain» c'est-à-dire qu'elle s'effectue sur un site non-construit en vue de la recherche mais qui lui préexiste et a une finalité tout autre, d'ordre économique. Il y a, il est vrai dans ce domaine quelques recherches de simulation, de quasi-laboratoire, très souvent effectuées dans une Université avec comme sujets des étudiants rémunérés pour un travail temporaire, dans des emplois dont on peut manipuler les paramètres : durée, conditions de rémunération, aspects du commandement institué. Mais ces recherches, outre qu'elles approchent des situations de travail ordinaires auxquelles il faut que les étudiants croient, sont inspirées par des hypothèses fondées sur une théorie construite sur des résultats du premier type, et leurs résultats ne sont pas des inventions mais des faits dignes d'être intégrés. Cependant, la part qui leur sera faite dans tout ce qui suit n'est pas prépondérante.

Exposer des théories n'est pas seulement satisfaire les chercheurs et les futurs chercheurs mais aussi les praticiens. L'étudiant qui se spécialise en psychologie du travail a souvent l'impression qu'il lui faut avant tout des «études de cas», du «concret», etc. Or un esprit dépourvu de connaissances théoriques, notamment fondées sur un système de faits bien étayés, n'est pas capable d'étudier un cas particulier posant un problème et de le résoudre par des mesures appropriées. L'étude de cas *ex nihilo* (sans cadres de références théoriques, sans support préalable de recherches sur le problème) relève d'une perception naïve, anecdotique, source inévitable d'erreur : l'étudiant auquel on le présente aura, s'il a de l'imagination, mille remarques à faire, cent choses à proposer. Mais comment faire le tri de ce qui est plausible dans une telle vision, prédictible dans toutes ces suggestions ?

La théorie, aboutissement synthétique de recherches antérieures dont elle est un modèle systématique, hiérarchique, permet seule d'inspirer une observation particulière, une description et une explication du cas particulier présenté.

$$* \atop * \ *$$

Bien que, dans l'histoire de la psychologie du travail, les théories se soient succédées dans un ordre différent, il est plus logique de présenter d'abord les théories de processus puis les théories de contenu. Les premières constituent un cadre où tous les contenus peuvent être inclus, les uns ayant plus ou moins de poids (ou d'importance, de valence) que les autres selon les catégories de travailleurs considérés.

Le processus motivationnel est conçu comme une classe de variables indépendantes ayant une relation causale avec (par exemple selon Campbell et Pritchard, 1976) des variables dépendantes les plus diverses dans les situations de travail : production de pièces, résolution d'un conflit avec un collaborateur, mise au point et achèvement d'un projet, etc.

L'origine et même la structure de ce concept remontent aux théories générales du comportement, notamment à celle de Hull (1952) : celui-ci, on le sait, utilise pour expliquer le potentiel d'action sEr, la force de l'habitude sHr, le besoin (drive) D, et la valeur du renforcement K (ayant un rapport avec l'histoire des renforcements antérieurs. En termes usuels, la propension à agir, dans une situation connue, dépend à la fois du *besoin* qu'a le sujet de ce que l'action peut lui procurer, de *l'habitude* déjà acquise par lui d'agir dans de telles situations et de la *désirabilité*, pour lui, de ce que l'action peut lui apporter. Ces trois éléments sont dans une relation multiplicative : la faiblesse de l'un d'eux influe considérablement sur le produit des trois. On peut la formuler ainsi :

$$sEr = f (sHr \times D \times K).$$

L'idée d'un tel processus appliqué au travail remonte à Vroom (1964) mais a été précisée et complétée par la suite. La meilleure synthèse qui en ait été donnée est celle de Campbell et Pritchard (1976). Avant même de l'exposer, il est utile de remarquer qu'elle demeure aujourd'hui le cadre conceptuel le plus solide, utilisé depuis trente ans presque sans changement, ce qui est un bon indice de son pouvoir prédictif, dans des recherches de terrain de toute sorte sur des travailleurs des secteurs primaire, secondaire ou tertiaire. Dans leur revue de la question, Korman, Greenhans, Badin (1977) estiment que c'est encore le modèle le plus souvent invoqué à propos des cas les plus variés.

LA STRUCTURE DU PROCESSUS

Ces théories cherchent à préciser comment les variables principales interagissent pour mobiliser le comportement des travailleurs, soit dans leurs performances, soit dans leurs démarches au cours de leur vie de travail (pour changer d'emploi ou pour y demeurer, pour suivre une formation, etc.). Ces théories ont déjà fait l'objet d'exposés en langue française (Levy-Leboyer, 1980, 1984).

La motivation est conçue comme une force résultant de trois variables :

a. L'expectation E, relation perçue entre l'intensité de l'effort déployé et la performance accomplie (au sens large incluant toutes les démarches volontaires ayant une finalité précise). Elle s'exprime en probabilités. Cette dimension répond à la question suivante : « Vais-je parvenir à en faire plus (ou pourrai-je mieux faire) si je m'efforce davantage ? » La réponse à cette question dépend de ce que le sujet sait (ou suppose) sur ses capacités, sa formation, son passé de travailleur. C'est donc, en partie, une réponse subjective, une « croyance en soi ». Mais certaines conditions de l'emploi peuvent aussi la déterminer, les unes d'ordre personnel (un supérieur hiérarchique trop critique, décourageant), les autres d'ordre technique ou organisationnel : dans un travail à rythme contraint (réglé par un convoyeur, ou très bureaucratisé) cette probabilité est très faible (l'effort y est stérile). Elle s'élève au contraire avec l'autonomie du rythme.

b. L'instrumentalité I, relation perçue entre la grandeur de la performance et un résultat attendu (reconnaissance, prime, ou simplement fierté ressentie d'une réussite, résultat intra-subjectif). L'instrumentalité, en d'autres termes, est la contingence perçue d'un renforcement recherché. Elle s'exprime aussi en probabilités. Cette dimension répond à la question suivante : « Vais-je obtenir de mon travail ce que j'en attends si je fais plus ou mieux ? » C'est le degré de certitude des attentes de résultats très divers liés à la performance mais « biaisée » par les conditions de payement, de direction, etc. Dans un travail payé à l'heure, la performance a une instrumentalité nulle par rapport au salaire, mais non par rapport à d'autres résultats comme la reconnaissance ou la fierté, ou même une promotion.

c. La valence V est la valeur positive ou négative attribuée par le travailleur aux divers résultats attendus dans son emploi, aussi bien externes (salaire, prime, promotion, reconnaissance) qu'internes (fierté d'une réussite, intérêt propre d'une tâche accomplie, valorisation tirée d'une responsabilité assumée). Cette dimension répond à la question suivante : « Quel est, pour moi, le prix de ce que mon travail actuel peut m'apporter ? » La réponse à cette question est parfois complexe : il peut y avoir des conflits entre plusieurs résultats dont les uns ont une valence positive, les autres une valence négative. Ainsi une promotion peut être très désirée mais en même temps avoir des conséquences qu'on redoute à l'avance : une promotion très recherchée peut être aussi redoutée par crainte de la jalousie des collègues qu'elle peut déclencher. Cette réponse est donc un bilan global que le travailleur fait en considérant l'ensemble de ce que le résultat pourra lui apporter. Qu'il y ait des valences négatives peut surprendre puisqu'un résultat attendu paraît nécessairement positif. Cela peut être le cas cependant si l'on considère qu'il y a des résultats auxquelles on s'attend mais qui déplaisent : la reconnaissance venant d'un supérieur hiérarchique détesté ou bien une promotion reçue avec un tel retard qu'elle avive un sentiment d'injustice subie.

Dans son ensemble, le processus motivationnel peut s'écrire :

$$F = f(E \times I) V \text{ ou plus simplement : } F = EIV.$$

C'est une somme de produits dont chacun concerne un résultat attendu (interne ou externe). Les expressions multiplicatives indiquent qu'il suffit qu'un terme soit nul pour que le produit le soit aussi pour un résultat donné. C'est ainsi qu'on peut être totalement démotivé dans un emploi où les efforts accomplis, même s'ils aboutissent à une bonne performance, n'ont pas de chance d'être « reconnus » lorsque le supérieur hiérarchique est borné, malveillant ou simplement orienté vers des réprimandes continuelles adressées à ses subordonnés : la motivation est épuisée par la faiblesse de l'instrumentalité, alors même qu'on recherche la reconnaissance et qu'on est soi-même capable d'efficience. Campbell et Pritchard (1976) observent que, dans la formulation donnée par Vroom, toute la motivation repose sur des attentes de résultats futurs. Pourtant les renforcements antérieurs ont une influence évidente sur la force d'une motivation : les occasions déçues de récompenses espérées affaiblissent l'instrumentalité de la performance ; ou bien, comme nous venons de le dire, un renforcement peut perdre de sa valence si on l'a trop souvent reçu ou bien s'il provient d'une source méprisée.

Aussi, ces auteurs ont-ils conçu, pour compléter le modèle, deux boucles de rétroaction : celle de la contingence, effort/récompense (histoire des renforcements obtenus), celle de la valence même d'un résultat en relation avec les circonstances de son attribution (histoire d'une valence).

Par ailleurs, une distinction importante a été introduite par Porter et Lawler (1968) entre résultats ou renforcements externes qui dépendent d'autrui (salaire, reconnaissance, promotion) et internes (sentiment de progrès personnel, d'accomplissement). A notre avis les premiers sont en relation avec l'instrumentalité de la performance et sont parfois régis par des règles strictes (avancement à l'ancienneté dans la fonction publique qui anéantit la relation entre performance et promotion) tandis que les seconds sont en relation avec l'expectation de la performance (réussite d'une tâche difficile dans des circonstances de risque).

A propos du calcul de l'instrumentalité, Biberman et coll. (1986) ont proposé de préciser l'expression «combien de chances avez-vous d'obtenir ce résultat moyennant un effort» par une formule plus précise par laquelle le sujet indiquerait sa vraisemblance moyennant un effort élevé ou faible. Ce gain ou bénéfice pour un effort dosé serait ensuite multiplié par sa valence. Pratiquement la mesure de l'instrumentalité serait comparable à son utilité. Ce serait un score soustractif : la probabilité ou la vraisemblance de l'obtenir moyennant un effort élevé moins celle de l'obtenir moyennant un effort faible.

Cette procédure est employée par les auteurs sur trois sites très différents : une chaîne de supermarchés, une chaîne de fabrication du Sud des Etats-Unis et quatre succursales d'une banque. La population d'enquête compte 60 cadres et près de 500 subordonnés. Les réponses sont partout *confidentielles* mais non anonymes pour les cadres dans les supermarchés et les banques (pour pouvoir apparier les mesures de motivation avec celles de performances non-déclaratives). Chez les cadres d'usine, celles-ci sont estimées par deux supérieurs hiérarchiques, et dans les supermarchés elles sont évaluées objectivement par un calcul du rapport ventes/heures travaillées.

Mais dans tous les cas on a une mesure soustractive de l'instrumentalité (vraisemblance d'obtenir le but moyennant un travail très intense ou très modéré). L'effort déployé *en tant que tel* (indépendamment des buts recherchés) se fait au moyen d'un seul item auto-déclaratif. Une mesure «conventionnelle» de l'instrumentalité est obtenue sur un seul item exprimant simplement sur une échelle la probabilité d'obtenir tel ou tel but, et une mesure de la valence sur une autre échelle. Ceci permet de calculer deux scores d'expectation, l'un soustractif, l'autre conventionnel.

Mais la comparaison des pouvoirs prédictifs de ces scores est loin d'être favorable à la méthode soustractive, soit lorsqu'il s'agit de l'effort déclaré, soit lorsqu'il s'agit de la performance. *L'effort* déclaré corrèle positivement et significativement avec l'expectation dans deux groupes sur six lorsqu'elle est évaluée de manière soustractive et dans quatre cas sur six lorsqu'elle est évaluée selon la méthode conventionnelle.

Les corrélations moyennes sont respectivement de.16 contre.21. Quant à la performance, elle semble mieux prédite par la mesure soustractive bien que les corrélations ne soient en aucun cas significatives.

Dans la pratique cependant, la lourdeur d'application des mesures soustractives est telle qu'elle ferait hésiter ceux qui seraient tentés de l'appliquer à des enquêtes surtout auprès d'un personnel encadré.

DÉTERMINANTS ORGANISATIONNELS DE L'ESTIMATION DES VARIABLES E, I, V

S'il est vrai que les trois composantes du processus motivationnel sont de nature perceptive, il ne faut pas croire que les variables de l'organisation ou même de l'institution soient sans influence sur ces perceptions. Ainsi Schwab (1973) rappelle que la nature privée ou publique de l'entreprise influe sur l'instrumentalité de la rémunération : les cadres du secteur public ont une instrumentalité perçue de leur salaire (relativement à leur efficience) inférieure à celle des cadres du secteur privé où les augmentations et les promotions sont comparativement plus liées aux performances, à l'initiative des agents.

Dans une même institution les systèmes de rémunération influent eux aussi sur l'instrumentalité et même, pense l'auteur, sur la valence de la paye. Pour le montrer il estime à juste titre qu'il faut que les sujets comparés soient en tous autres points dans la même situation. Aussi l'étude de Schwab porte-t-elle sur des employés d'une même entreprise de production de biens de consommation. Hommes et femmes, au total

273, étaient affectés sans l'avoir choisi (ce qui évite un biais de sélection) mais selon la nécessité de l'organisation à un payement à l'heure, ou bien à la pièce ou encore à un salaire de groupe. Ce sont en majorité des opérateurs sur machine. Un questionnaire leur est proposé sur le lieu même du travail, qu'ils doivent renvoyer directement, en port payé, à l'Université. Le taux de renvoi est très élevé. Parmi les questions posées il y en a une sur l'instrumentalité de la paye : « Ce que je touche chaque semaine dépend plus... », avec comme modalité de réponse, soit « ... de ce que je produis », soit cinq autres alternatives (l'ancienneté, le niveau du poste, etc.). Les résultats montrent que l'instrumentalité du salaire à la performance est significativement plus élevée dans le régime à la pièce que dans celui des primes de groupe et plus élevée dans celui-ci que dans le régime horaire. L'influence de variables individuelles (telles que le sexe, l'ancienneté, le niveau de salaire) sur ces différences est nulle. Au total la variance expliquée par les systèmes du payement est de 44 %.

Dans la même étude on cherche à connaître l'influence de ce système sur la *valence* de la rémunération. La question relative à ce point est : « Qu'est-ce qui est le plus important dans mon emploi idéal ? » avec, comme réponses possibles : « gagner beaucoup d'argent », « un emploi stable », « de bons collègues », « un bon supérieur hiérarchique », « un travail qui me plaît », « de bonnes chances de promotion ». Les moyennes des rangs de ces réponses sont assez voisines quelque soit le système de rémunération. Pourtant celles de l'échantillon payé à l'heure ou à la pièce sont significativement supérieures à celle de l'échantillon rémunéré avec une prime de groupe. Il y a donc une certaine liaison entre valence de la paye et système de rémunération. Mais elle n'explique que 3 % de la variance. Le rôle des variables individuelles sur cette relation est négligeable sauf pour ce qui est de l'ancienneté.

La perception de l'instrumentalité dans deux systèmes de paiement a été bien vérifiée également par Pritchard et De Leo (1973) qui ont fait varier aussi le montant de la paie. Il s'agit d'une expérience de simulation. Des étudiants sont recrutés par voie d'affiche pour un travail de bureau à temps partiel : trouver à partir d'un catalogue le prix d'articles désignés par un numéro. Il y a deux niveaux de payement à l'heure et on calcule le payement à la pièce à deux taux pouvant donner les mêmes salaires étant donné un volume de production. On élimine, par l'usage d'un appareil simple, la possibilité d'erreurs de transcription. La durée de la séance de travail est d'une heure et demie (après une période d'adaptation à la tâche de 15 minutes). Un questionnaire post-expérimental permet de vérifier la prise de conscience des paramètres du payement.

Les résultats montrent que le payement à la pièce est perçu comme plus instrumental que le salaire horaire. Les taux de payement sont eux aussi perçus comme ayant une valence différente. Mais l'interaction des deux paramètres *sur la production*, tout en étant significative, est l'inverse de celle qui était prévue : le groupe à forte instrumentalité (payement à la pièce) produit plus lorsque celle-ci est associée à une faible valence (taux inférieur) qu'à une forte valence (taux supérieur). Ce résultat paradoxal (au niveau de la performance) est interprété ainsi par les auteurs : la valence n'est pas corrélative seulement de l'importance de la paie, mais aussi du besoin que les sujets ont de celle-ci. Or ce besoin est plus élevé et persiste plus dans le groupe moins payé, ce qui introduit les différences de rendement que l'on vient de voir.

Les variations de l'instrumentalité liées à l'organisation peuvent être généralisées à d'autres buts que ceux du salaire, ainsi que Anderson et Kida (1985) l'ont montré. Le calcul d'un score de motivation, disent-ils, ne peut se faire sans tenir compte de «l'incertitude de l'environnement» selon les sujets, qui peut compromettre le lien effort/résultat attendu.

La recherche a lieu dans 13 entreprises de comptabilité publique du même Etat (Virginie) auprès de comptables de différents niveaux. Un relevé de «résultats possibles» est d'abord établi auprès de 32 sujets et l'on ne retient des réponses que les plus fréquentes que l'on incorpore dans un questionnaire.

Celui-ci est soumis à 60 autres comptables : il comprend, outre l'estimation de l'effort et de la performance accomplie par eux, celle des attentes subordonnées à cet effort de chacun des buts recherchés, leurs valences et l'incertitude perçue de l'environnement de travail.

Le questionnaire est rempli sur le lieu de travail avec anonymat garanti. La performance au travail est auto-mesurée sur six items œ échelles touchant à la qualité comme à la quantité ou à la coopération et au dévouement. L'incertitude de l'environnement est mesurée par douze items concernant le manque d'information sur les facteurs de l'entreprise, la difficulté d'estimer les probabilités des liens environnement/performance, l'incertitude sur la justesse et l'efficacité des décisions.

Si l'on déchotomise l'échantillon en deux sous-groupes selon cette incertitude perçue, on constate que, dans le sous-groupe à faible incertitude la corrélation entre somme des attentes et performance est positive et très significative, alors que dans le sous-groupe à forte incertitude elle est beaucoup plus faible et non significative. Il en est de même si on la calcule en partant des sommes de produits attentes x valences et performances (r = .528, p = .006 et r = .132, n.s.). Ici le modèle E.I.V. est donc intégralement testé et il est validé moyennant la subdivision de l'échantillon selon l'incertitude de l'environnement. Il faut ajouter en terminant que *l'effort déployé* est lui-même positivement et très significativement corrélé à l'instrumentalité globale chez les sujets à faible incertitude (r = .522, p = .009) mais l'est beaucoup moins chez les sujets à forte incertitude (r = .382, p = .049).

Ainsi l'incertitude de l'environnement décourage, démotive et freine même la capacité d'engager sa force de travail. Il faut cependant remarquer que cette incertitude est en partie redondante avec la mesure de l'instrumentalité, d'après la définition de certains de ses items concernant la difficulté d'estimer la justesse et l'efficacité des décisions.

DÉTERMINANTS INDIVIDUELS DE L'INSTRUMENTALITÉ PERÇUE ET DE LA VALENCE

A propos de l'opposition entre résultats externes et internes, il faut signaler les apports des psychosociologues de *l'attribution*. Il y aurait, selon Rotter (1966) et Kelley (1967) des tendances stables chez les sujets à s'attribuer leurs succès et à imputer leurs échecs à des éléments de l'environnement, ces deux types d'attribution étant dans un rapport plus ou moins fixe, quel que soit la nature des succès et des échecs. Le lieu de maîtrise *(locus of control)* tendrait à «l'externalité» ou à «l'internalité» selon les individus. Cette variable différentielle joue évidemment un grand rôle dans la construction de l'instrumentalité perçue : la réussite d'une tâche, l'obtention d'une récompense ou d'une promotion peuvent, selon les sujets, être attribuées à la chance, à la bienveillance d'autrui ou à ses propres qualités, à sa persévérance.

Selon le lieu de maîtrise, le besoin de réussite, présent chez chacun de nous, peut subsister en cas d'échec par une attribution externe ou s'anéantir par une attribution interne. De même qu'en cas d'échec, un externaliste accusera la «malchance» et un internaliste s'accusera lui-même. En cas de succès, l'attribution externe diminuera la valence d'un résultat (promotion obtenue par un appui dont on a bénéficié auprès de la direction). L'attribution interne maintiendra cette valence, dans les mêmes conditions (le même appui n'aura servi qu'à faire reconnaître les qualités de celui qui en aura bénéficié). La théorie de l'attribution rend compte des sophismes individuels inspirés par l'amour de soi, le narcissisme, la théorie EIV rend compte de l'aspect subjectif de ces sophismes, puisque chacun des trois termes peut subir des distorsions permettant au travailleur soit de minimiser l'importance d'un échec (en diminuant la valence ou l'instrumentalité du résultat correspondant) soit de rehausser l'importance d'un succès (en augmentant sa valence).

Ces notions différentielles ont une grande importance pour l'application de la théorie EIV : l'instrumentalité, en effet, est dans cette théorie, un élément perçu. La causalité instrumentale objective n'est pas ce qui influe sur la motivation mais la conception que le travailleur se fait du lien entre performance et résultat. Une manière de modifier cette instrumentalité est l'affiliation à un syndicat : c'est une manière de transformer en un droit (donc d'internaliser) ce qui, en grande partie dépend de l'organisation (congés, conditions de travail) et peut être perçu comme externe.

Le bilan de ces variations individuelles permet de conclure que le modèle se vérifie au mieux chez des sujets ayant une idée élevée de leurs propres capacités (croyant à leur possibilité de fournir un effort), plutôt internalistes (croyant que les récompenses de leur travail dépendent plutôt de leur effort que des facteurs extérieurs ou de «la chance», ou encore plutôt rationnels qu'irrationnels et enfin appréciant les résultats que leur emploi peut leur offrir.

Ainsi formulée, cette conclusion indique la voie que peuvent suivre les entretiens de motivation, accompagnés d'un dossier sur l'orientation préalable à l'embauche, la formation reçue dans la mesure où elle a été demandée par le candidat et non imposée à lui par des pression externes.

QUELQUES RECHERCHES DE VALIDATION

Une conception cognitive de la motivation au travail signifie, semble-t-il, tout simplement que celle-ci est un modèle multiplicatif à trois variables. Celles-ci se combinent théoriquement à propos de chacun des résultats attendus, par le travailleur, de son emploi. Des combinaisons de ce genre ont été présentées sous la notion d'équité (que nous verrons à propos de la motivation liée au salaire), ou encore du besoin de réussite qui, comme nous l'avons vu, implique pour se maintenir une stratégie d'attribution à l'égard des succès et des échecs. De tels modèles sont plus simples que celui proposé dans la théorie EIV, et l'on a émis des doutes quant à la possibilité de déduire de cette théorie des prédiction testables.

Pourtant, en 1976, Campbell et Pritchard font état de 40 études rattachées au modèle EIV. Les plus intéressantes sont à notre avis, non pas celles qui ont été faites en laboratoire, mais sur le terrain. Avant d'en donner des exemples, indiquons que la prédiction de la performance par la somme des produits EIV est, dans les emplois répétitifs et sans autonomie, comprise entre .20 et .30 ce qui est peu, même avec des échantillons importants où ces corrélations sont significatives. Ainsi, Dachler et Mobley (1973) ont présenté une validation complète du modèle en mesurant par des questionnaires proposés aux travailleurs les trois termes E, I et V et la productivité par des évaluations demandées à leurs supérieurs hiérarchiques. Les sujets sont des opérateurs semi-qualifiés dans deux usines, payés à l'heure dans l'une et avec primes dans l'autre. Une liste de 45 résultats est établie à propos desquels les produits EIV sont calculés. Les sommes de ces produits présentent, avec les mesures de performance, une corrélation de .30.

Avec des personnels plus autonomes œ chez lesquels l'expectation de la performance est plus variable œ on trouve des corrélations bien plus élevées. Lawler et Suttle (1973) ont ainsi travaillé sur 69 cadres de ventes, en utilisant la méthode des corrélations à délais croisé, propres à mettre mieux en évidence l'influence du processus motivationnel sur la performance : on obtient de ces cadres deux mesures de la motivation et de la performance espacées par un intervalle de six mois. 18 résultats attendus sont déterminés dont ils estiment les valences. Ils estiment aussi l'instrumentalité d'une bonne performance pour chacun de ces résultats, ainsi que l'expectation de la performance. La performance est mesurée soit par auto-estimation, soit par le supérieur hiérarchique, soit par les pairs c'est-à-dire des collègues. Les corrélations statiques (en un même moment) sont respectivement de .39, .27, .15. Mais les corrélations à délais croisés (entre la motivation lors de la première mesure et la performance lors de la deuxième) ne sont guère plus élevées. On voit que le lien le plus fort entre motivation et performance est obtenu si l'on calcule celle-ci par auto-estimation, ce qui peut être sujet à caution. L'estimation donnée par le supérieur hiérarchique plafonne autour de .30, ce qui n'est pas négligeable mais indique que la performance varie en fonction d'autres variables que la motivation.

Il faut surtout citer ici l'étude d'Orpen (1975) qui non seulement a utilisé cette méthode mais en a diversifié l'application, mettant en évidence que la meilleure prédiction de la performance est celle de la motivation évaluée comme une *somme de produits*. Dans cette étude, 101 travailleurs manuels d'Afrique du Sud constituent la population d'enquête. Des interviews menées avec dix d'entre-eux et dix contremaîtres permettent de retenir 20 «résultats» qui les intéressent puisqu'ils sont cités au moins quatre fois. Mais on n'en retient finalement que neuf parce que seuls ils paraissent «relevants» à l'ensemble de l'échantillon. La valence de ces résultats est mesurée par des échelles; puis la croyance à l'instrumentalité («combien de chances sur dix avez-vous *d'obtenir* ceci en fournissant un gros effort») ainsi que l'expectation de la performance («combien de chances, sur dix, avez-vous en faisant un gros effort, de produire assez pour obtenir cela»). La productivité est évaluée par les contremaîtres, sur des échelles également. Toutes ces mesures sont faites une première fois, au début de l'enquête, une deuxième fois six mois plus tard, ceci afin de pouvoir utiliser la méthode des corrélations à délais croisés entre performance et produits EIV. Selon cette méthode, si, parmi les six corrélations obtenues entre EIV_2, P_1, P_2 la corrélation $rEIV_1$. P_2 est la plus élevée, cela indique un processus causal de la motivation sur la performance. Or, c'est ce qui est obtenu puisque r EIV_1. P_2 = .62. Par ailleurs, Orpen vérifie que la meilleure combinaison des trois composantes de la motivation (E, I, V) pour prédire la performance future (P2) est bien une combinaison **multiplicative**. On a en effet :

rP2E =.36   r.P2VI =.21   rP2E+I+V =.46
rP2I =.25   rP2VE =.32   rP2E+V.I =.22
rP2V =.45   et enfin rP1E.I.V =.62

Ceci indique qu'il suffit qu'une des composantes soit nulle pour que la motivation le soit, ou que l'élévation de l'une d'entre elles fait considérablement augmenter la motivation. Certes, cette dernière corrélation ne rend compte que de 38 % de la variance. C'est beaucoup si l'on songe à l'incertitude qui s'attache à des mesures de type appréciatif, à la fois chez le travailleur et chez son supérieure hiérarchique. C'est beaucoup également si l'on sait que l'impact des capacités sur les variations des performances n'est pas pris en compte dans cette corrélation.

Dans la pratique, pour un travailleur donné, l'expectation de la performance ne peut guère varier, l'instrumentalité est à peu près connue pour des résultats comme les promotions ou les primes, moins bien pour les gratifications psychologiques qui dépendent des relations avec le supérieur et de sa conduite. Ce qui varie le plus ce sont les *valences* de chacun des résultats. Selon les individus leur grandeur doit être très différente. Mais ce point important n'a pas été étudié exactement. On connaît assez bien la variance des différentes *satisfactions*, à la suite des travaux de Herzberg, notamment de Halpern[1] mais très peu de choses ont été publiées sur la variance des valences.

Parmi les recherches de validation du modèle E.I.V. il faut citer celle de Lévy-Leboyer (1983) non seulement parce qu'elle a été faite en

France, mais aussi parce qu'elle est une des rares à avoir choisi comme critère non l'efficience, mais une décision de travail importante : le choix des horaires (nous avons, en effet, annoncé dès le début de ce chapitre que le modèle ne s'appliquait pas seulement aux performances mais à des démarches qui jalonnent la vie des employés).

Partant de cette idée, l'auteur a cherché à savoir quelle pouvait être la relation entre motivation et choix d'un horaire parmi les trois proposés par l'entreprise. (métallurgie lourde dans une région rurale de l'Ouest de la France). La motivation est mesurée par les produits des *probalités de conséquences* attendues de chaque horaire sur les aspects du travail (variété, initiative, etc.) la vie de famille, les loisirs, les autres activités et la *valence* de chacune de ces conséquences. Les produits, comme cela est légitime, ne comprennent que deux termes : instrumentalité (probalité des conséquences) et valence, mais non expectation de la performance puisque celle-ci n'est pas en question.

L'échantillon de recherche compte 255 employés tirés au hasard et hiérarchisé selon le statut dans l'entreprise, l'âge, l'horaire actuel et le trajet du domicile au travail. Sur les quatre horaires proposés, inhabituels relativement aux horaires en vigueur, l'un est écarté parce que d'après les résultats de l'enquête, il est refusé presque unanimement. Dans l'ensemble les produits moyens entre probabilités des conséquences et valences de l'ensemble des aspects concernés par chaque horaire augmentent lorsqu'on passe des sujets qui refusent cet horaire, acceptent d'en discuter ou bien disent l'accepter si on le leur propose. Ces différences des produits moyens selon l'attitude sont significatives pour chacun des trois horaires. Donc le modèle ramené au deux composantes de la motivation se trouve étayé dans une recherche portant sur une décision envisagée et non plus un niveau d'efficience.

Dans un bilan récent sur les attitudes et les motivations des travailleurs, Korman et coll. (1977) indiquent bien le fait que, malgré son faible pouvoir prédicteur[2] la théorie E.I.V. demeure le cadre conceptuel le plus fréquemment utilisé. On s'interroge cependant sur le pouvoir mobilisateur respectif des «désirs personnels» ou des incitations externes (c'est-à-dire des résultats conçus comme doués de valence par les travailleurs avant toute intervention ou les résultats proposés par l'organisation, éventuellement à la suite d'une intervention).

Nous verrons plus bas (p. 64-65) que ce n'est pas là le vrai problème : quelle que soit la source de la motivation, son pouvoir mobilisateur vient de la liaison instrumentale entre la performance et le résultat. Cette liaison doit être clairement perçue par le travailleur : il doit concevoir que le résultat est *au prix de la performance*. Et ce résultat peut être, dans certains cas, la fierté du travail bien fait, dans d'autres cas la reconnaissance de cette performance par autrui, ou encore sa récompense par une promotion ou une prime, etc. Tout avantage simplement donné par l'organisation (la variété ou l'autonomie du travail, des avantages financiers déjà acquis, etc.) rend l'emploi *satisfaisant* mais non *motivant*.

D'autres discussions se sont ouvertes sur certaines différences individuelles œ outre celle qui consiste à accorder plus de valence à tel ou tel résultat ou bien à un résultat spontanément conçu ou proposé par l'organisation œ : la nature «rationnelle» ou «non-rationnelle» des travailleurs. Chez les travailleurs rationnels la relation entre performance et résultat est claire et leur comportement s'avère plus étroitement conforme à la prédiction tirée du modèle E.I.V. C'est moins le cas chez les irrationnels.

On peut conclure que ce modèle, présenté comme une théorie générale du fonctionnement de l'homme au travail, doit être complété par la considération des différences individuelles de divers ordres : nous l'avons déjà indiqué ci-dessus (p. 37) à propos du lieu de maîtrise (locus of control) variable selon les sujets et qui les conduit à des attributions externes ou internes de leurs propres succès ou échecs. Mais il y a d'autres différences individuelles à prendre en compte et cet impératif s'impose à la théorie E.I.V. comme à celle de Herzberg que nous verrons à propos des théories de contenus.

RÉSUMÉ DU CHAPITRE 2

Avant de présenter les contenus de la motivation au travail (ce par quoi on est motivé, ici ou là) il est utile de présenter le processus de toute motivation (comment on est motivé). Ceci permet, dans des cas concrets, sur le terrain, en vue d'interventions, de faire les enquêtes et investigations nécessaires lorsqu'une démotivation est signalée.

1. Sur ce processus une théorie est aujourd'hui admise comme ayant été validée par de nombreuses recherches faites aux U.S.A. et en France. Elle postule que la motivation est une force ayant trois composantes :

a. *L'expectation* de la performance (E), relation perçue entre l'intensité de l'effort déployé et la performance accomplie.

b. *L'instrumentalité* (I), relation perçue entre la performance et l'obtention d'un effet ou résultat espéré, attendu, de nature objective (paie, promotion) ou subjective (reconnaissance, fierté ressentie).

c. *La valence* (V) de chacun de ces résultats, ou coefficient de valeur que le travailleur attache à chacun d'eux.

La motivation est une somme des produits E.I.V. établis pour chacun des résultats attendus.

2. Mais le processus de motivation n'est pas sans subir des influences de déterminants de deux sortes :

a. Les uns viennent de *l'organisation*, de l'entreprise où l'emploi se situe : de son caractère public ou privé qui influe sur l'instrumentalité de la rémunération par rapport à la performance; du système de payement (c'est lorsqu'il est à la pièce que cette instrumentalité est la plus forte). Le montant de la paye est évidemment ce qui détermine la valence de celle-ci, et ceci d'autant plus que le travailleur en a besoin.

b. Les autres viennent de variables liées aux individus, les travailleurs. Ainsi *l'instrumentalité* est diversement perçue par eux selon qu'ils *attribuent*, de manière générale, leurs succès ou leurs échecs à des facteurs externes (l'organisation, le supérieur hiérarchique, la chance) ou internes (leurs propres qualités).

La *valence* de certains résultats peut être également influencée par ces deux types d'attribution. Ainsi croire qu'une promotion a été la simple récompense des qualités que l'on possède est plus valorisant que croire qu'elle a été obtenue par chance ou par le bénéfice d'un appui.

3. La validation de la théorie E.I.V. a été tentée et réussie dans de nombreuses recherches de terrain en calculant les corrélations entre la somme des produits E.I.V. (pour une série de résultats définis au préalable par des entretiens avec les travailleurs) et leurs performances évaluées en général par les supérieurs hiérarchiques.

Ces corrélations sont un peu plus élevées

a. lorsqu'il s'agit de postes autonomes au rythme libre, que d'emplois répétitifs et sans autonomie;

b. lorsque les travailleurs sont plus «rationnels» c'est-à-dire lorsqu'ils croient moins à la chance que lorsqu'ils sont irrationnels;

c. elles sont plus élevées lorsqu'on les calcule avec un délai de plusieurs mois entre mesure de la motivation et mesure de la performance, ce qui indique une influence causale entre celle-là et celle-ci;

d. elles dépassent rarement une valeur de .30, car la motivation n'est pas seule à influer sur la performance. Celle-ci dépend priotairement des capacités individuelles.

NOTES

[1] Voir ci-dessous p. 63.
[2] Cette faiblesse tiendrait selon les auteurs non seulement à la dépendance des performances à l'égard des niveaux d'habileté mais aux niveaux des récompenses. D'autre part il y aurait non-additivité des effets des incitateurs : si la performance dépend des salaires, cela fait baisser la force des incitateurs intrinsèques et, inversement. Enfin la dépendance **instituée** entre performance et récompense n'entraîne pas toujours une dépendance causale dans le comportement. La conclusion est que le modèle E.I.V. devrait être testé en tenant compte de toutes ces complexités.

Chapitre 3
Théories de la motivation au travail : les contenus

Ces théories, qui ont largement précédé dans le temps celle du processus (l'œuvre de Maslow remonte à 1954), tentent de spécifier les divers «résultats» auxquels les travailleurs sont sensibles et qui peuvent les mobiliser dans un emploi. Le sens usuel du terme motivation dans la langue non-technique a pour référent précisément un ensemble de contenus. Lorsque l'on pose la question «Etes-vous motivé par votre travail actuel?» on sous-entend : «y-a-t-il quelque aspect de votre emploi auquel vous tenez, qui a pour vous de l'importance?»

Les thèmes de réponse sont précisément les facettes de l'emploi ou bien les conséquences qu'elles entraînent dans la vie matérielle (pour ce qui est du salaire), ou sociale (prestige, estime) ou même personnelle (réalisation de soi). Les théories selon lesquelles ces thèmes ou contenus ont été inventoriés, classés par ordre de valence ont été largement diffusées, soit dans des traités de langue anglaise (Campbell et Pritchard, 1976), soit dans des livres de langue française (Lévy-Leboyer, 1980, 1984). Nous n'en présenterons donc que les grandes lignes en nous attachant, autant que possible, à en souligner les validations par le comportement efficient que tel ou tel contenu suscite chez les travailleurs.

a. La théorie hiérarchique des besoins fondamentaux d'A. Maslow (1954, 1970) Inspirée du fonctionnalisme de James et Dewey et du holisme des Gestaltistes est tirée de l'observation clinique, de l'observation courante et rapporte parfois des données expérimentales. Elle n'a pas été conçue pour résoudre des problèmes de psychologie du travail : c'est une théorie portant sur les relations entre personnalité et motivation. Mais elle a été très souvent invoquée par elle et a inspiré de nombreuses recherches dont l'aboutissement est indéniablement utile, par exemple à la sélection des cadres.

Selon Maslow une théorie de la motivation humaine doit considérer avant tout une hiérarchie des besoins qui compte six niveaux :

– Besoins physiologiques, correspondant tous à des manques de l'organisme (alimentation, sexualité). Ils sont trop nombreux pour être énumérés selon leurs objets spécifiques.

– Besoins de sécurité : recherche d'un environnement sain, stable, ordonné et prédictible, excluant les dangers et les changements.

– Besoins d'appartenance et d'amour concernant le partenaire, les amis, la communauté ethnique ou culturelle, tendance grégaire ou groupale, ou centrée sur la famille.

– Besoins d'estime de soi et par les autres : recherche de la réussite, du statut. L'attribut «méritée» est nécessaire pour que l'estime soit vraiment satisfaite.

– Réalisation de soi, de ses capacités individuelles, de ses idées et idéaux.

– Besoins de savoir et de comprendre : goût du mystère et de l'inexpliqué, curiosité gratuite. Fuite du coutumier, de la monotonie, du déjà vu.

A ces six niveaux Maslow ajoute le besoin esthétique qui est bien dans l'esprit hiérarchique de sa théorie (mais qu'il n'utilise pas dans ses considérations d'application). Cet esprit est le suivant : l'ordre ci-dessus signifie que l'émergence d'un besoin ne s'observe que si les besoins antérieurs sont satisfaits. Leur ordre de succession ne signifie pas cependant qu'une satisfaction complète est nécessaire pour que le suivant émerge. De même le degré de fixité de la hiérarchie n'est pas sans quelques chevauchements qui sont tout-à-fait normaux : le besoin de créer, ou de se réaliser peut l'emporter sur les besoins de confort alimentaire ou de sécurité de l'emploi. L'idée majeure à laquelle la personnologie de Maslow s'attache est que les besoins supérieurs ne sont pas des leurres masquant les besoins physiologiques refoulés : ils ont une autonomie fonctionnelle, une nature «instinctive». En tant que besoins fondamentaux on les retrouve (y compris le besoin de réalisation de soi) sous des formes variées chez tous les peuples connus par l'histoire ou l'anthropologie, ou l'ethnologie.

On a beaucoup critiqué cette hiérarchie, notamment en ce sens que l'obtention d'un résultat (ou la satisfaction d'un besoin) d'un certain niveau ne suffirait pas à supprimer celui-ci au profit d'un besoin de niveau supérieur. Ce qui est évident : les besoins physiologiques demeurent sous-jacents même lorsqu'ils n'aiguillonnent pas les travailleurs (s'il s'agit de cadres supérieurs bien payés). Mais chez des travailleurs de ce type émergent des besoins de prestige, de pouvoir et d'actualisation qui mobilisent le comportement bien plus que ne le font les besoins financiers.

C'est justement à propos des cadres que les vérifications de la théorie de Maslow ont été possibles puisque chez eux la hiérarchie complète des besoins peut être explorée. Porter (1962) a montré que, dans un échantillon de cadres ayant des niveaux de fonctions plus ou moins élevés, les besoins concernant la rémunération, la sécurité de l'emploi, les relations avec les subordonnés étaient assez bien satisfaits chez tous et ne les distinguaient pas les uns des autres. En revanche les besoins d'estime de soi et par les autres, et surtout d'actualisation de soi étaient d'autant plus intenses (et mieux satisfaits) que les fonctions de ces cadres étaient plus élevées. En réalité la méthode suivie par Porter dans cette étude et dans une précédente (1961) qui ne portait que sur deux niveaux de la hiérarchie, (contremaîtres et cadres moyens) est ambiguë : à propos de chaque contenu l'auteur demande à ses sujets de répondre sur des échelles en sept points : a) «jusqu'à quel point ce besoin est-il satisfait?» - b) «jusqu'à quel point devrait-il l'être dans votre position actuelle?» En soustrayant les scores a) des scores b) on a une mesure des «manques de satisfaction des besoins tels que les cadres les perçoivent». Les différences cumulées si elles sont plus souvent positives que négatives (ou nulles) indiquent que ces manques sont plus grands pour les besoins supérieurs qu'inférieurs. Mais, selon nous, elles peuvent l'être soit parce que les scores b) s'élèvent en fonction de la position hiérarchique soit parce que les scores a) s'abaissent. Les études de Porter ne montrent que ce que leur intitulé énonce : des insatisfactions c'est-à-dire des attentes non-satisfaites (seule l'étude de 1961 ajoutant aux questions précédentes une troisième visant «l'importance» de l'aspect ou contenu, touche directement aux problèmes de motivation). Mais les résultats fondés sur un unique item par besoin, sont peu décisifs.

En réalité, la validation de cette théorie de Porter n'a été apportée (en France) de manière non ambiguë que par Francès (1982). Celui-ci, après avoir élaboré un inventaire des motivations, inspiré par les échelles de Porter, a montré que leur intensité, mesurée sur un échantillon de 55 cadres supérieurs, décroissait dans l'ordre suivant : Indépendance, Estime de soi, Réalisation de soi, Etablissement des buts, Participation aux méthodes, Développement personnel, Autorité exercée, Information, Rétribution, Aide aux collègues, Prestige, Relations avec les collègues, Sécurité de l'emploi.

On retrouvait à peu près cet ordre dans un échantillon de cadres débutants et dans un autre échantillon de futurs cadres ayant terminé leurs études dans une école supérieure de gestion (voir fig. 1 ci-dessous). D'autre part, dans la même étude, et sur une population analogue mais distincte de cadres supérieurs, Francès a montré que les *variations*[1] *de la satisfaction* suivaient à peu près l'ordre décroissant de l'intensité des motivations. Ceci est une vérification de notre mise en relation de la satisfaction et de la motivation au travail : les variations inter-individuelles de satisfaction sont d'autant plus importantes qu'elles concernent un aspect de l'emploi chargé de motivations. En effet, les aspects les plus importants (ici l'indépendance, la réalisation de soi, les décisions sur les méthodes) sont souvent ceux dont la valence est la plus élevée et pour lesquels les attentes sont les plus fortes (à l'inverse de la sécurité de l'emploi, des relations avec les collègues, du prestige). Les moindres variations dans ce qui *est obtenu* dans les situations de travail se traduisent par des variations inter-individuelles importantes dans la relation (A-0) V par laquelle nous avons défini la satisfaction.

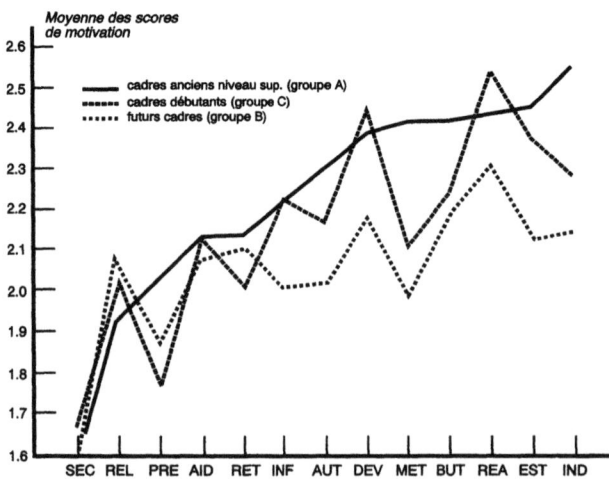

Fig. 1 — Scores majeurs de motivation de trois sous-échantillons de cadres.

La théorie des besoins de Maslow a été réévaluée dans le bilan récent établi par Korman et coll. (1977). Parmi les critiques qui lui ont été adressées certaines relèvent de méprises. On a dit que la satisfaction d'un besoin diminue son niveau d'activation et augmente celui du besoin connexe supérieur dans la hiérarchie. La vraie question est de savoir si l'émergence d'un besoin plus élevé dans la hiérarchie à la suite de la satisfaction du besoin immédiatement inférieur fait perdre à celui-ci son importance ou son pouvoir mobilisateur. Cette question ainsi posée à un double sens : a) un besoin déjà satisfait demeure à l'état latent, c'est-à-dire qu'il perd une partie de son importance aux yeux du sujet. Mais il garde un pouvoir mobilisateur qui déclenche une conduite d'acquisition dans une circonstance déterminée. Ainsi, un cadre supérieur en situation de non-emploi se mettra au bout d'un délai plus ou moins long à chercher un travail simplement rémunérateur (tout en en souhaitant un autre, à la fois rémunérateur et gratifiant à d'autres égards). Les besoins ne meurent pas, ils se mettent en sommeil lorsqu'ils sont satisfaits, mais ils peuvent se réveiller; b) un besoin de niveau supérieur dans la hiérarchie (comme nous venons de le montrer) aboutit, lorsqu'il émerge, à sensibiliser les individus au résultat correspondant, d'où les différences individuelles accrues de *satisfaction*, dépendant des situations rencontrées. Cette conception de la hiérarchie des attentes (le terme besoin n'est pas satisfaisant) est un des sens que l'on peut donner à la théorie de Maslow : l'importance d'un besoin (aux yeux des sujets) est corrélative de la *variance des satisfactions* que les individus ayant accédé à cette attente y trouvent dans les situations de travail.

b. Implication dans l'emploi et implication personnelle

Moins spécifiques d'un niveau d'emploi que les motivations inventoriées par Maslow, on classe sous le terme d'implication au travail ou dans l'emploi (job involvement) un attachement que l'on peut constater quel que soit le type de poste. C'est une sensibilité particulière qui fait souhaiter, non seulement la réussite de la tâche, mais celle des objectifs de l'organisation. C'est, dit A. Ripon (1987), l'interaction entre l'individu et son travail. C'est donc le fait d'être concerné par tout ce qui touche à l'emploi occupé. Hackman et Lawler (1971) l'ont définie comme «l'importance vitale de l'emploi». Vroom (1962) qui en a étudié les effets sur l'efficience, la conçoit comme un besoin de s'accomplir dans le travail, d'y actualiser ses capacités. Ce besoin conduit à une performance élevée, d'autant plus que le travailleur est *autonome* dans son travail (dans cette enquête on compare les effets de l'implication chez des agents de maîtrise et chez des ouvriers d'une usine d'électronique du sud-ouest des

Etats-Unis). L'efficience est mesurée par des notations des supérieurs hiérarchiques portant sur la qualité et la quantité du travail fourni, mais aussi l'esprit d'initiative, la capacité d'apprendre, le jugement, la coopération. Il s'avère que l'implication conduit à une efficience significativement plus élevée chez tous les travailleurs de l'échantillon. Mais la différence est surtout sensible chez les agents de maîtrise. Elle est très faible chez les ouvriers. De même, si l'on compare des membres de l'échantillon ayant un *rythme de travail* libre (département de recherche) assez libre (engineering) et peu ou pas libre (fabrication) on constate que les effets de l'implication sont d'autant plus nets que le rythme de travail est libre. Ceci montre les limites de l'influence de l'implication sur l'efficience : elles tiennent à l'organisation du travail dans la structure des tâches (si elle est fixée il n'y a que peu de place pour l'invention personnelle de ceux qui s'y sentent impliqués) et dans son déroulement temporel (si le rythme est fixé il n'y a pas de place pour les variations individuelles dues à une implication plus ou moins intense).

Voisin de l'implication dans l'emploi est le concept d'engagement (commitment) dans l'entreprise qui, ces dernières années à donné lieu à des recherches qui situent la motivation au travail (et son corollaire l'efficience) comme un lien avec l'emploi qui dépend d'une intériorisation des buts et valeurs de l'entreprise. De Cotiis et Summers (1987), après avoir constaté les incertitudes dont ce concept est entaché dans certaines études propose de la définir autrement que comme « la volonté d'appartenance » à l'organisation ou « le désir d'y demeurer », mais de manière moins superficielle comme « la mesure dans laquelle un individu accepte et intériorise les buts et valeurs de l'organisation et considère son rôle en termes de contributions à ces buts et valeurs *distinctement de ses instrumentalités personnelles* ». On voit que cette définition va très loin puisqu'elle peut aboutir à des conflits entre buts personnels et buts de l'organisation dans lesquels le travailleur accepte une espèce de sacrifice de ses propres finalités de travail, du moins momentanément : l'effet de l'engagement serait de pallier les manquements momentanés de l'organisation concernant des buts personnels (retard ou iniquité des primes, des promotions) par une motivation plus permanente.

Dans leur étude de terrain sur 367 cadres de différents niveaux dans une chaîne de restaurants, De Cotiis et Summers prennent en compte un grand nombre de variables individuelles (âge, sexe, ancienneté dans la Compagnie et dans le poste), de structure perçue (formalisation, centralisation, ambiguïté et conflit de rôles), de leadership, de processus organisationnel (système des salaires, des promotions) de climat (autonomie, confiance, cohésion, soutien, reconnaissance, etc.)

Les variables résultantes sont la performance auto-estimée ainsi que la motivation le turnover, le désir de partir et la satisfaction. La performance est également évaluée par les supérieurs hiérarchiques immédiats sur des échelles et plus objectivement par des mesures de type comptable : les cadres supérieurs estiment la gestion financière des produits et du coût du travail menée par les cadres enquêtés, l'engagement dans l'organisation par six items constituant une échelle à très bonne fidélité interne, portant sur : l'appropriation des problèmes, des valeurs, de l'image de l'entreprise, la fierté d'y appartenir, la convenance entre l'emploi occupé et les buts de l'entreprise, etc.

Après avoir exploré l'ensemble des corrélations entre l'engagement et les autres variables, les auteurs, par utilisation d'une analyse de régression multiple, arrivent à cette conclusion que les variables individuelles ne sont pas prédictives de l'engagement, mais que les variables de climat et de satisfaction expliquent respectivement 43 % et 45 % de la variance.

L'analyse des pistes causales menée ensuite donne les résultats suivants : l'effet des variables de structure et de processus sur l'engagement est limité aux effets indirects de centralisation, prise de décision et communication sur *l'autonomie et la cohésion* (voir Fig. ci-dessous). Celles-ci influent sensiblement sur l'engagement : «la perception d'une liberté à déterminer les procédures a un effet direct sur l'engagement individuel».

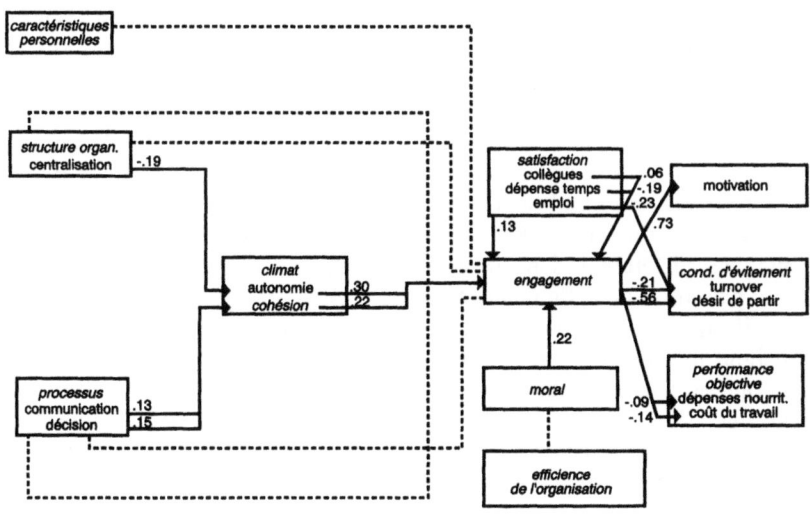

Modèle causal de l'engagement dans l'organisation (d'après De Cotiis et Summers, 1987).

L'effet allant de la prise de décision et de la communication à l'engagement passe par la cohésion (l'esprit d'équipe).

Les résultats concernant les *conséquences de l'engagement* sont variables. Celui-ci est très prédictif de la motivation auto-estimée et de l'absence de désir de quitter l'entreprise. Quant aux conséquences sur la performance, elles ne sont pas établies quand il s'agit des appréciations données par les supérieurs hiérarchiques, mais bien selon les mesures objectives des variables de type financier. Mais les corrélations sont relativement faibles comparées à celle de la motivation. On peut dire que l'engagement est corrélatif d'un souci de ménager les ressources de l'entreprise, d'une tendance à lui assurer des bénéfices.

Tel est dans sa complexité le système dans lequel l'engagement à l'entreprise occupe une place centrale liée au climat, que favorisent des variables de structure et de processus; l'engagement génère à son tour motivation, fidélité et performance objective. Nous retrouvons sous une forme renouvelée le modèle décrit ci-dessus p. 23.

c. Besoin de réussite

C'est une motivation voisine de l'implication mais plus personnelle c'est-à-dire plus indépendante des situations concrètes de travail. C'est pourquoi on a pu l'étudier dans des tâches de laboratoire, sur des étudiants ou des recrues de l'armée. E. French (1955) a précisément recherché son influence sur des élèves officiers d'aviation dans une école située à la Base de Lackland. Le besoin de réussite est mesuré par un questionnaire composé d'items décrivant des situations où des partenaires s'affrontent dans des jeux compétitifs. La tâche proposée à ces élèves est une tâche de substitution de chiffres et de lettres selon un code, d'une durée de 5 minutes. Le nombre d'items qu'elle contient la rend inachevable dans ce laps de temps. Par ailleurs, la tâche est présentée selon des consignes différentes dans trois sous-groupes organisés après une première passation de cette tâche, cinq mois plus tard : consigne neutre : on leur dit qu'il s'agit d'une mesure expérimentale sans conséquence ; consigne impliquante : il s'agit «d'une mesure corrélée à l'intelligence générale et censée prédire la carrière future»; consigne à motivation extrinsèque : la mesure «permettra aux cinq premiers de gagner une permission de sortie». Les résultats montrent, entre autres, que le besoin de réussite influe positivement et significativement sur les scores à la tâche de code, mais cela d'autant plus que cette tâche est présentée comme indicatrice des capacités du sujet (consigne impliquante). Autrement dit, ce besoin ne peut être mobilisé dans n'importe qu'elle situation de travail. Il faut que celle-ci ait un rapport avec l'investissement des capacités du sujet.

La même dualité d'effets des situations a été montrée par Vroom (1958) qui, par ailleurs a cherché à faire la part des niveaux de *capacité* : le besoin de réussite n'est pas tout-puissant, surtout lorsqu'il s'agit d'une activité nouvelle pour laquelle les sujets sont diversement doués. Il s'agit en l'espèce d'un test de coordination complexe (contrôler un volant et une pédale de commande à la vue de signaux visuels) installé dans un dispositif simulant un poste de pilotage. Les sujets sont des recrues de l'armée de l'air à l'entraînement pour lesquelles ce genre de tâche est plausible. Sur la base des scores obtenus au cours d'une période d'essai, on répartit les scores recueillis sur l'ensemble des 400 sujets en deux groupes, l'un au-dessus, l'autre au-dessous du médian, c'est-à-dire selon leur capacité initiale. Puis, à l'intérieur de ces sous-groupes, on organise une période expérimentale de 20 essais, donnés aux uns sous consigne neutre et aux autres sous une consigne mettant en œuvre la motivation de réussite : le test est censé déterminer l'affectation ultérieure dans l'armée de l'air. Par ailleurs, dans ce sous-groupe des stimulations verbales sont données à chaque sujet : « il faut faire mieux que les autres, il faut se surpasser», etc. Les résultats de cette période montrent que la motivation suscitée par la finalité déclarée de la tâche et par les stimulations verbales n'ont d'effet que sur le groupe à forte capacité : le progrès est chez eux très sensible au cours des essais successifs par comparaison à ceux qui n'ont pas été motivés. Les sujets du groupe à faible capacité font tous quelques progrès, mais la motivation ne les accentue pas.

La motivation de réussite comme trait de personnalité a, depuis, été l'objet d'une construction de test par Atkinson et conceptualisée sous le terme de *nAchievement*. Le test offre des garanties métrologiques supérieures à celles des questionnaires utilisés jusqu'alors[2]. Utilisé en Psychologie du travail il discrimine les sujets qui recherchent un travail stimulant, compétitif, les responsabilités dans la résolution des problèmes, les situations où ils reçoivent des indices non-ambigus sur la qualité de leur performance. Dans ces conditions, les sujets à nAchievement élevé ont une efficience supérieure à ceux des sujets à nAchievement faible. On retrouve là le caractère conditionnel de l'impact des motivations sur la performance déjà relevé dans l'étude de Vroom sur les ouvriers et agents de maîtrise de l'électronique. Même dans une population de cadres, cet aspect est manifeste. Steers et Spencer (1977) l'ont montré sur 116 cadres affectés à différents départements d'une «firme de fabrication» où leur activité semble avoir eu des niveaux différents de variété, d'autonomie, d'identité, de feed-back, ainsi qu'à l'égard des interactions avec les collègues. Ces niveaux sont ceux des Attributs Requis par la Tâche (Task Réquisit Attributes, TRA) de Hackman et Lawler dont on sait qu'ils influent sur la satisfaction au travail[3]. Ils sont évalués par les cadres eux-mêmes dans les différents Départements, et ceux-ci remplissent également le test de besoin de réussite. Par ailleurs, l'efficience des sujets est évaluée par leurs supérieurs immédiats sur des échelles comparatives se référant à des cadres de même emploi. Les résultats calculés *sur l'ensemble des cadres* montrent d'abord que la performance n'est que très faiblement corrélée avec les Attributs Requis par la Tâche (ce que nous retrouverons tout-à-l'heure sur un personnel d'exécutants). Mais si l'on répartit cet ensemble en deux sous-groupes selon l'intensité faible ou forte du besoin de réussite, on obtient un contraste très net des corrélations entre Attributs de la Tâche et efficience (tableau 1) :

Tableau 1 — **Corrélations entre efficience et attributs du travail selon les niveaux de besoin de réussite des cadres** (d'après Steers et Spencer, 1977).
x : les deux corrélations en ligne diffèrent significativement au seuil de .05;
xx : au seuil de .01.

	sujets à besoin de réussite élevé	*sujets à besoin de réussite faible*
variété	.20 xx	-.33
autonomie	.34 x	-.08
identité	.28 xx	.09
feedback	.22 xx	-.02
interactions optionnelles	.36 x	.02
interactions requises	.01	.03

Ainsi, le besoin de réussite ne nécessite pas, comme dans les recherches précédentes, une activation par des finalités déclarées différentes de la même tâche ou par des stimulations verbales incitatrices. Lorsqu'il existe *comme trait de personnalité* à un degré élevé chez certains individus il est activé par le caractère varié ou autonome du travail (comme c'était le cas chez Vroom par le niveau des postes), par les feedback ou les interactions optionnelles avec les membres de l'équipe de travail, mais non par les interactions requises (c'est-à-dire celles qui sont rendues nécessaires par le simple exercice de l'emploi).

Ces résultats sur les cadres ont été retrouvés par Orpen (1985) mais en cotant leurs emplois avec une grille différente : celle du potentiel motivateur des emplois (Job Diagnostic Survey de Hackman et Oldham, 1975). Cet inventaire, ayant de bonnes qualités métrologiques, comprend les échelles suivantes : Variété, Identité, Signification, Autonomie et Feed-back. Il est rempli par 346 cadres moyens, sur le lieu de leur travail, anonymement, avec le questionnaire de Steers et Bronstein, déjà cité, qui comporte le trait de besoin de réussite (need Achievement) et de besoin d'indépendance (need for Independance).

Les sujets, travaillant en Afrique du Sud dans six grandes entreprises industrielles, ont à accomplir des tâches très variées. Leur performance est mesurée sur une échelle par leur supérieur hiérarchique immédiat. Les résultats sont très semblables à ceux de l'étude précédente faite aux Etats-Unis : le croisement des mesures de performance avec les traits de personnalité ne donne que des corrélations nulles sur l'échantillon total. Mais si l'on scinde celui-ci en groupes contrastés selon le besoin de réussite (tiers supérieur et tiers inférieur de la distribution) on voit que, chez les sujets à fort besoin de réussite, les attributs des postes sont toujours positivement corrélés avec la performance (et significativement avec Variété, Signification, Feed-back mais non Identité ni Autonomie). Chez les sujets à faible besoin de réussite les cinq corrélations sont nulles ou négatives. Le besoin d'indépendance introduit le même contraste entre les groupes distingués selon la force ou la faiblesse (tiers supérieur et tiers inférieur de la distribution) mais ce contraste s'étend aussi à l'Autonomie qui est significativement corrélée avec la performance chez les sujets indépendants.

Interprétés autrement, ces résultats indiquent que les scores en besoin de réussite dénotent des variations de *valence de la performance* elle-même, qui, chez les cadres, représente un résultat, une attente plus ou moins développée mais qui ne se traduit en efficience que si *l'instrumentalité* de cette efficience est grande : notamment si elle se situe dans des conditions de travail autonomes, avec des tâches possédant une variété, une identité, et des interactions suffisamment développées. Un cadre aimant réussir sera d'autant plus actif que son travail s'accomplira dans des départements où sa performance aura des chances de se développer. Un cadre insensible à la réussite n'aura pas une performance différente selon les départements où il sera affecté.

Le besoin de réussite a, par la suite, été conceptualisé à nouveau et dissocié en trois facteurs corrélés mais ayant des connotations différentes. Ainsi Helmreich et Spence (1978) ont créé un Inventaire d'Orientation Familiale et au Travail révélant les composantes suivantes : a) besoin de bien faire les tâches (besoin de travailler), b) besoin de maîtriser des tâches nouvelles et stimulantes, c) compétitivité ou désir de surpasser les autres. Il faut ajouter que ces composantes se combinent différemment selon qu'il s'agit de réussite scolaire, universitaire ou en affaires. Helmreich, Sawin et Carsud (1986) ont cherché à savoir ce qu'il en était chez des employés affectés à des postes jugés par lui pauvres et monotones, non seulement au début de leur carrière mais, par la suite, jusqu'à huit mois après leur engagement.

L'échantillon comprend 268 employés à la réservation, assistée par ordinateur, de places d'avion. L'étude dure 8 mois et commence après une formation qui dure quatre jours.

Le critère de performance, très objectif, est la fraction de temps de communication avec les clients sur le temps disponible dans la journée. Sa fidélité est très élevée au cours de toute la période. On relève, parmi d'autres, les corrélations des trois facteurs composant le besoin de réussite, au cours de trois périodes :

Facteur prédicateur	mois 1-3	mois 4-6	mois 7-8
Besoin de bien faire	.09	.06 xxx	.34 xx
Maîtrise des tâches nouvelles	.04	-.19 xx	-.13 x
Compétitivité	-.06	-.09	-.03

Il faut noter que la performance décline sensiblement au cours de ces trois périodes (mais surtout entre les mois 1-3 et 4-6). Cependant elle s'y maintient d'autant plus que les sujets ont le besoin de travailler (ou de bien faire), mais décline d'autant plus qu'ils aiment les tâches complexes et nouvelles. La compétitivité ne joue aucun rôle dans cette performance et ceci du début à la fin de la période. Il y a donc dans cette interaction tâche/personnalité un effet que les auteurs qualifient «de lune de miel». Le temps abaisse la performance d'une manière générale mais d'autant plus que la tâche ne rencontre pas le besoin de nouveauté et de complexité des sujets.

La conclusion des auteurs est qu'il est imprudent de sélectionner les employés d'après de simples tests de capacité lorsqu'il s'agit d'emplois de ce genre. Car, après la période de lune de miel, la désaffection de certains, selon leurs besoins, se traduit par des baisses d'efficience.

d. Besoins d'ordre supérieur en matière de travail

Sous ce titre Hackman et Lawler (1971) ont désigné le simple attachement, variable selon les sujets, à des attributs des tâches comme la variété, l'autonomie, l'identité de la tâche, ou bien le prix accordé par eux au développement personnel où à l'indépendance de pensée et d'action dans le travail. L'idée sous-jacente à cette conceptualisation est que, plus ces besoins seront intenses et plus les emplois seront riches en Attributs TRA, plus les travailleurs seront productifs (et par ailleurs, plus ils seront satisfaits). Or, dans la très belle étude menée par ces auteurs ces besoins discriminent bien les sujets quant aux variations de la satisfaction, mais aucunement quant aux variations qualitatives ou quantitatives de l'efficience selon les attributs TRA.

Pour éclairer ce propos un peu subtil nous donnons d'abord quelques détails sur l'étude[4] : elle se situe dans une compagnie de fabrication et de commercialisation de téléphones où treize emplois sont retenus, depuis ceux des opératrices au service du Directeur, des installateurs d'appareils simples ou complexes, des employés du service commercial, des réparateurs, etc. Pour chacun de ces emplois, on établit une mesure des six attributs TRA (variété, autonomie, identité, feedback, interactions optionnelles et interactions opératoires). Ces mesures sont très fidèles pour la plupart des attributs (mais non pour le feedback ni les interactions) ; les estimations qui en sont faites par les travailleurs corrèlent bien avec celles qu'en donnent soit des contremaîtres, soit des chercheurs qui observent les postes. On obtient par ailleurs, de 200 employés qui occupent ces postes, une mesure de leurs «besoins supérieurs en matière de travail» tels que définis plus haut, puis une mesure de leur satisfaction générale et de leurs satisfactions spécifiques (sur 12 échelles). Enfin, on a, pour chacun d'eux, établies par leurs supérieurs hiérarchiques, des mesures de quantité et de qualité du rendement ainsi qu'une note d'efficience générale.

Or, voici les corrélations obtenues en ce qui concerne la satisfaction d'une part, le rendement d'autre part :

Tableau 2 — Corrélations entre attributs TRA des postes et satisfaction ou rendement chez des employés ayant des «besoins supérieurs» forts ou faibles (d'après Hackman et Lawler, 1971) **en variété** (col. 1), **autonomie** (col. 2), **identité** (col. 3), **feedback** (col. 4).

	Variété		Autonomie		Identité		Feedback	
	bes. fo	bes. fai	bes. fo	bes. fai	bes. fo	bes. fai	bes. fo	bes. fai
Satis. gén.	.41 x	.28 x	.43 x	.29 x	.27 x	.18	.17	.33 x
Satis. spécif. (12 items)	12r+ et sig.	10r nuls ou n.s.	11r+ et sig.	11r- nuls ou n.s.	12r+ et 8 sig.	11r+ et 5 sig.	12r+ et sig.	11r+ sig. fai
Rendements								
Quantité	-.02	-.24	-.09	-.09	.01	.15	.04	.23 x
Qualité	.15	.05	.17	-.05	.02	.31 x	.12	.03
Effic. gén.	.09	.05	.16	.01	.01	.26 x	-104	.06

On voit, en inspectant ce tableau simplifié que la variable modératrice « besoins supérieurs », lorsqu'elle a des valeurs élevées, accroît la relation entre attributs des postes et satisfaction générale (sauf pour l'attribut feedback[5]). Cette relation s'atténue chez les sujets à besoins faibles. Il en est de même de la relation entre les attributs TRA et les satisfactions spécifiques. En revanche, le rendement des mêmes employés n'est jamais corrélé avec les attributs et cela quels que soient les niveaux des besoins. Ceci est vrai de la quantité, de la qualité et de l'efficience générale.

Ces résultats contrastent avec ceux que nous avons présentés ci-dessus à propos des cadres : là les attributs TRA avaient une relation positive et significative avec le rendement chez les sujets à besoin de réussite élevé et une relation nulle chez les sujets à besoin de réussite faible. Ce contraste nous paraît interprétable : le besoin de réussite dénote chez les premiers une valence élevée *de la performance* alors que les besoins supérieurs dénotent seulement un goût, un intérêt pour les tâches variées, autonomes, etc. On comprend que ces besoins, lorsqu'ils sont développés, augmentent les corrélations avec la satisfaction : les sujets sensibles à la variété ou à l'autonomie sont plus satisfaits des emplois où ces attributs sont élevés et moins satisfaits des emplois où ces attributs sont faibles, les sujets insensibles sont moins affectés par ces variations quant à leur satisfaction. Mais ces différences de sensibilité ne jouent pas sur les variations de l'efficience. Nous retrouvons ici la distinction présentée au début de cet ouvrage entre les deux effets des situations de travail : satisfaction d'une part et performance de l'autre.

Nous verrons plus loin que les attributs du travail tels que la variété, l'autonomie, etc., peuvent cependant être corrélatifs de l'efficience s'ils ne sont pas simplement *donnés* dans les situations de travail mais *proposés* comme une modification accessible moyennant une décision des travailleurs supposant chez eux des *initiatives*, voire dans certains cas des aménagements de leurs conditions de travail. Dans ce cas les attributs constituent un résultat recherché, dont l'instrumentalité appartient aux sujets et qui les incite à une efficience plus élevée. Encore faut-il ajouter que ce résultat n'est pas aussi intensément recherché par tous : la psychologie différentielle, dont la perspective est présente dans les paragraphes a, b, c, d, de ce chapitre, invite à considérer à nouveau que la valence de résultats internes tels que l'autonomie et l'initiative dans le travail n'est pas aussi élevée chez tel ou tel travailleur occupant le même emploi. C'est ce qui a été méconnu par Herzberg et les psychologues de l'enrichissement du travail dont nous parlons au chapitre suivant.

RÉSUMÉ DU CHAPITRE 3

Avant de définir le processus de la motivation, les psychologues se sont intéressés aux «contenus» qui pouvaient faire l'objet d'attentes chez les travailleurs : on a cherché à inventorier *ce qui* peut les motiver plus que *comment* (par quel mécanismes) ils le sont :

a. *La théorie hiérarchique des besoins* fondamentaux de Maslow définit six types de *besoins situés sur une «échelle»* : les besoins supérieurs (de se réaliser, de savoir et de comprendre) n'apparaissent et ne mobilisent les hommes que si les besoins de niveau inférieur (physiologiques, de sécurité) sont déjà satisfaits. Cette conception a été appliquée à la motivation des *cadres*. Il ressort que la hiérarchie des besoins de Maslow se manifeste d'autant plus nettement qu'on étudie des cadres anciens, de haut niveau, comparativement à des cadres moyens ou débutants.

b. *L'implication*, besoin de *s'accomplir dans le travail*, d'y actualiser ses capacités, mobilise les travailleurs d'autant plus qu'ils ont un emploi autonome avec un rythme libre.

c. *Le besoin de réussite* n'a d'effet sur l'efficience que lorsque les tâches ont une finalité (déclarée) de carrière ou de classement selon un critère valorisant (comme l'intelligence générale). Défini selon un test de bonne qualité, ce besoin (Need for Achievement) stimule l'efficience d'autant plus que les tâches sont variées, autonomes, bien identifiables, suivies d'un indice qualitatif de réussite (feedback), etc.

Ainsi chargé de valence, le travail incite à l'efficience ceux pour lesquels le besoin de réussite est élevé.

d. Mais *ces attributs des tâches* sont sans effet incitatif sur les travailleurs qui les *apprécient* seulement pour leur intérêt, mais n'ont pas le besoin de s'y affronter. Les «besoins supérieurs» en matière de travail conduisant donc seulement à une *satisfaction* dans les tâches riches en attributs de ce genre, alors qu'ils *incitent à l'efficience* ceux qui ont un besoin de réussite développé : chez eux, la performance elle-même est un résultat recherché alors qu'elle ne l'est pas chez les travailleurs aimant simplement la variété, l'autonomie, etc. On retrouve ici la distinction entre les deux effets non-corrélés des situations de travail : satisfaction et efficience, médiatisés par les motivations.

NOTES

[1] Il s'agit plus précisément des saturations de scores d'échelles de satisfaction dans un premier facteur extrait de l'analyse factorielle des treize échelles proposées dans un **inventaire de satisfaction**. Ces treize échelles ont été par ailleurs proposées à un autre échantillon très proche par les variables de carrière mais sous forme d'échelles **d'importance**.

[2] notamment sous sa forme récente due à Steers et Bronstein (1976) le **Manifest Needs Questionnaire** : Une fidélité test-retest et une validité prédictive et discriminante élevées.

[3] Sur ce point, voir Francès (1981).

[4] On trouvera plus de détails dans Francès, 1981, p. 67.

[5] Cet attribut s'avère trompeur d'après les auteurs eux-mêmes : chez les opératrices des téléphones la connaissance qualitative du résultat est un simple indicateur de la transmission des appels qui n'affecte pas vraiment la qualité de l'opération. Il en est de même parfois de l'attribut identité, c'est-à-dire complétude du cycle opératoire qui est faussé dans sa signification par sa valeur élevée chez les opératrices de téléphone.

Chapitre 4
La théorie d'Herzberg et l'enrichissement des tâches

Parmi les recherches ayant donné lieu à l'exploration systématique des «contenus» susceptibles de mobiliser les travailleurs, il convient de faire une place plus importante à la théorie de Herzberg. Bien qu'à l'origine elle n'ait eu l'ambition que de découvrir et de classer des thèmes ou facettes de l'emploi susceptibles d'apporter de la satisfaction ou de l'insatisfaction, cette théorie a été prolongée par des interventions reposant sur l'accroissement du potentiel motivationnel des emplois avec un contrôle de l'élévation de l'efficience, critère, selon nous, de celui-ci.

FACTEURS INTRINSÈQUES ET EXTRINSÈQUES

Sous ce titre, on sait que Herzberg a classé un certain nombre de thèmes qui sont cités par les travailleurs comme des circonstances dans lesquelles une satisfaction ou une insatisfaction ont été ressenties par eux dans leur emploi. Dans l'enquête originale de Herzberg, Mausner, Snyderman (1959) rapportée par Herzberg (1971) il s'agit d'ingénieurs et de comptables auxquels on a demandé, suivant la méthode des incidents critiques, d'exposer au cours d'entretiens, leurs souvenirs concernant d'abord les moments où ils s'étaient sentis particulièrement heureux a leur travail; puis, dans un second temps, les moments où ils s'y étaient sentis particulièrement mécontents. Dans les deux cas ils devaient en rapporter les circonstances exactes.

Les facteurs intrinsèques appelés aussi motivateurs sont, dans l'ordre de leur fréquence, les suivants : accomplissements, reconnaissance (d'eux-mêmes), travail proprement dit, responsabilité, avancement. Ces motivateurs couvrent 70 % d'incidents positifs et seulement 30 % de négatifs.

Les facteurs extrinsèques appelés aussi facteurs d'hygiène ou d'ambiance sont les suivants : politique et administration de l'entreprise, qualités techniques du supérieur hiérarchique, rémunération, relations personnelles avec la maîtrise, conditions de travail. Ces facteurs couvrent 67 % d'incidents négatifs et seulement 21 % de positifs.

On sait que les premiers sont considérés à l'origine par Herzberg comme des causes de satisfactions exclusives de toute insatisfaction. Cela veut dire que seule la présence des intrinsèques peut conduire à la satisfaction et leur absence à des états neutres. En revanche, la présence des extrinsèques ne peut introduire que des états neutres et leur absence apporte de l'insatisfaction.

Les duplications ultérieures partant du même principe ont examiné les incidents cités selon la durée de l'attitude positive ou négative qu'ils ont provoquée. Il en résulte que la motivation Responsabilité a un retentissement plus durable que Accomplissement ou Reconnaissance, ce qui est bien vraisemblable. Dans la revue des travaux inspirés par sa théorie, Herzberg cite des enquêtes faites sur des agents de maîtrise sans qualification professionnelle particulière. L'intrinsèque Tâche n'apparaît pas chez eux mais Relations avec les subordonnés y apparaît, et donne une proportion peu différente d'incidents positifs et négatifs. Cette substitution pourtant ne ressort pas de l'enquête faite par Herzberg lui-même en Finlande sur plus de cent agents de maîtrise. Néanmoins les proportions globales de motivateurs et de facteurs d'ambiance parmi les incidents positifs ou négatifs restent à peu près constants dans ces autres études, de même que dans celle de Walt sur des cadres féminins fonctionnaires fédérales dans des organismes de recherche aux Etats-Unis. En France il faut citer l'enquête faite par Lévy-Leboyer (1974, p. 98) sur 70 cadres de grandes entreprises. Elle montre que, dans les bons souvenirs les sujets interviewés se sentent valorisés surtout si leur réussite, leurs initiatives ont triomphé sur les avis des autres. Dans les mauvais souvenirs ils incriminent l'incompréhension et l'injustice des autres. L'auteur souligne dans la classification des incidents en bons et mauvais, un mécanisme sous-jacent avec lequel on peut être d'accord : les facteurs intrinsèques recouvrent la satisfaction de soi; les facteurs contextuels recouvrent l'insatisfaction des autres.

LES FACTEURS D'HERZBERG EXTRAITS SELON D'AUTRES MÉTHODES : UNE RÉÉVALUATION

La somme de commentaires et de critiques que cette théorie a suscités est innombrable. Nous nous bornons à souligner le point qui nous paraît le plus important : la méthode des incidents critiques évoqués au cours d'entretiens introduit des biais dans le classement, par les sujets, des incidents au cours d'une analyse de contenu, selon des rubriques considérées comme étanches. Comment séparer les accomplissements, les responsabilités assumées ou les avancements, de la conduite du supérieur hiérarchique ou du climat de l'organisation ?

Pourtant, en utilisant d'autres méthodes que celle-ci, de nombreux auteurs ont montré une relation privilégiée entre les intrinsèques et la satisfaction : ces facteurs ne sont pas les seuls à *contribuer* à la satisfaction des emplois, mais ils ont des contributions plus fortes à cette satisfaction que les facteurs extrinsèques. Contribution veut dire ici corrélation plus ou moins étroite avec la satisfaction générale. Ces résultats sont obtenus lorsqu'on demande à des travailleurs de coter sur une échelle la satisfaction générale qu'ils tirent de leur emploi, et, d'autre part, de coter sur d'autres échelles les satisfactions spécifiques concernant les deux types de facteurs énumérés par Herzberg et coll.

Halpern (1966) a ainsi demandé à 93 anciens étudiants ayant eu plusieurs emplois successifs de coter, pour celui qu'ils avaient préféré, leur satisfaction générale et leurs satisfactions spécifiques (sur d'autres échelles) quant aux aspects suivants :

	Corrélation avec la satisfaction générale
Motivateurs :	
Accomplissement de soi	.76
Travail lui-même	.76
Responsabilité	.57
Possibilités d'avancement	.46
Facteurs extrinsèques :	
Politique et administration	.46
Supérieur hiérarchique (relations)	.47
Relations avec les collègues	.35
Conditions de travail	.29

On voit que les corrélations avec la satisfaction générale sont plus élevées pour les intrinsèques que pour les extrinsèques. Les corrélations moyennes sont respectivement de .65 et de .40 et elles diffèrent significativement. Deux des motivateurs (tâche et accomplissement de soi) rendent compte de 74 % de la variance de la satisfaction générale[1]. Autrement dit, celle-ci varie beaucoup en fonction des intrinsèques mais moins en fonction des extrinsèques. Ceci justifie l'enrichissement du travail, du moins en vue d'élever la *satisfaction des emplois*, car il consiste à y introduire des occasions de s'accomplir, un travail plus varié, plus autonome comportant plus de responsabilités. Mais ceci montre également que les facteurs extrinsèques *ont aussi leur contribution* à la satisfaction générale et ne sont pas, comme l'avait cru Herzberg des simples facteurs d'insatisfaction pouvant tout au plus être neutralisés. Nous verrons plus bas, du reste, que, sous l'aspect de primes de rendement ou de «mérite» les techniques modernes de motivation ont souvent utilisé les facteurs extrinsèques.

Une réévaluation d'un type d'ordre logique, est celle de King (1970). Elle consiste non seulement à relever que deux formulations de la théorie d'Herzberg sont possibles : l'une partant des fréquences d'incidents classée en positifs ou négatifs, l'autre partant de corrélations multiples entre motivateurs et satisfaction et entre extrinsèques et la dyssatisfaction. Avec ces deux formulations quantitatives plusieurs énoncés de la théorie sont possibles; King en trouve cinq parmi lesquels il lui semble que le plus conforme à celui d'Herzberg est le suivant : tous les intrinsèques combinés contribuent plus à la satisfaction que ne le font les extrinsèques combinés, et tous les extrinsèques combinés contribuent plus à la dyssatisfaction que ne le font tous les intrinsèques combinés. Cet énoncé traduit en termes de corrélations est celui dont nous venons de parler à propos de Halpern. Par ailleurs, pour être opérationnalisé, il suppose la présentation d'échelles (une par «contenu» et une générale) et non l'anamnèse de situations, ce qui laisse moins de place aux biais qui viennent d'être analysés.

INTERVENTIONS INSPIRÉES PAR LA THÉORIE D'HERZBERG : L'ENRICHISSEMENT DU TRAVAIL

Dans quelle mesure peut-on tirer de la théorie d'Herzberg (qui ne concerne en elle-même que la satisfaction) des préceptes propres à augmenter également la *motivation* et, par voie de conséquence, l'efficience qui est l'indice comportemental de celle-ci? C'est seulement à condition que les mesures prises le soient avec l'accord des travailleurs, et, mieux encore, avec leur participation. C'est ce que les disciples d'Herzberg Paul et Robertson (1974) ont explicitement indiqué à propos de leurs interventions à l'Imperial Chemical Industries (I.C.I.) connues et reprises notamment en France comme nous le verrons plus loin : l'enrichissement du travail, disent-ils, ne consiste pas simplement à le rendre plus varié, plus responsable, à changer le type de commandement. Il n'est pas une restructuration *imposée* mais *proposée*, avec possibilité pour le travailleur de ne pas l'adopter, car il y a des résistances chez les «anciens» et, plus généralement, des différences individuelles à de pareilles modifications.

Autrement dit, l'enrichissement du travail n'est pas seulement la variation des attributs du travail (dont nous avons vu qu'elle n'est opérante que pour élever la satisfaction). Il consiste à proposer aux travailleurs eux-mêmes, directement et sans mettre au courant les supérieurs hiérarchiques immédiats, des éléments d'organisation qui introduisent des motivateurs — ceux-ci étant avec l'efficience dans une relation instrumentale. En substance, ces motivateurs proposés font que l'activité de travail change de sens pour celui qui l'accomplit : la routine passive fait place à l'initiative, la transmission des informations devient optionnelle, certaines responsabilités sont laissées aux travailleurs eux-mêmes, etc. On propose donc des éléments d'organisation où certains accomplissements sont possibles et sont liés à chaque acte de travail. C'est ainsi que les idées de Herzberg sont converties en «résultats» accessibles intrinsèques à l'emploi et plus précisément à la structure de la tâche dans l'organisation. Ces résultats ayant des valences diverses selon les individus et correspondant à des attentes variables selon chacun d'eux, l'enrichissement du travail n'a, dans l'ensemble, qu'un effet modeste sur les performances (une augmentation qui se situe entre 10 et 20 %).

Les interventions de Paul et Robertson sont des expériences de terrain inspirées par la théorie d'Herzberg : a) on ne modifie pas les facteurs extrinsèques (ni les salaires, ni le commandement, ni la sécurité ou les conditions de travail); b) on crée des équipes de contrôle parallèles aux équipes «enrichies»; c) on garde le secret sur l'expérience non seulement vis-à-vis des travailleurs, mais aussi des supérieurs hiérarchiques immédiats; d) on met au point des instruments de mesure de la quantité, de la qualité et du coût du travail ainsi que de la satisfaction (ceci sommairement).

Voici à titre d'exemple les modifications apportées au travail des représentants :

– Ils n'ont pas à rédiger obligatoirement un rapport après chaque visite aux clients, mais le font selon leur jugement propre.
– Ils ont la responsabilité d'être convoqués quand ils le souhaitent par leur supérieur.
– Ils gardent leurs dossiers.
– Les livraisons de marchandises vendues se font plus rapidement et sur leur simple demande.

— Ils ont la possibilité d'indemniser un client qui se plaint de la qualité d'un produit livré, de lui racheter un produit défectueux ou qu'il a en surplus.

— Ils ont une marge de 10 % sur les prix de vente de nombreux produits, notamment ceux qui sont difficiles à vendre.

Bien entendu, chaque modification concrète est spécifique de l'emploi étudié. Il y a cependant dans les interventions à l'I.C.I. (au nombre de sept) des enseignements d'ordre général. Nous croyons pouvoir classer en 6 rubriques les modifications proposées aux sept catégories de personnels : responsabilité ou participations aux décisions, indépendance de l'activité, initiative d'actions, créativité, direction de l'information transmise. Dans le tableau IV, nous avons résumé l'ensemble des mesures d'enrichissement du travail décrites par Paul et Robertson.

Dans le bilan récent de Korman *et alii* (1977) on relève le fait que nous avons souligné : l'enrichissement des tâches n'est pas apprécié par tous les personnels (notamment les cols bleus). Cette différence est attribuée à la diffusion de l'indifférence à l'égard du travail et plus précisément à l'égard de la valence de certains attributs (comme l'autonomie, la variété, la complexité) qui était forte dans certaines couches socio-économiques, notamment rurales, non encore gagnées par le syndrome d'urbanisation. Cette érosion des valences est accrue par l'influence des syndicats : ceux-ci contestent les essais d'enrichissement parce qu'ils conduisent à des emplois plus fatigants physiquement et mentalement, ainsi qu'à l'établissement de rythmes plus rapides du fait de l'activation de la motivation.

Ces faits ne sont pas nouveaux. Nous les retrouverons sous une forme voisine à propos de la participation (chapitre 6), dont les effets sur l'efficience ont été établis dès 1948 par Coch et French. L'initiative en matière d'organisation du travail, lorsqu'elle est laissée aux travailleurs eux-mêmes, n'a d'effets positifs que si elle est approuvée par eux : plus précisément elle n'a d'influence sur la performance que si des facteurs idéologiques exercés par exemple par les syndicats ne viennent pas la contrecarrer. Or l'initiative est un aspect commun à l'enrichissement et à la participation.

Cette attention portée à l'attitude des syndicats a guidé l'étude faite par Pearson (1992) en Australie sur des groupes semi-autonomes institués, à titre expérimental, avec l'assentiment des syndicats ouvriers, tout en maintenant l'organisation du travail telle qu'elle existe dans le reste de l'entreprise. Celle-ci est consacrée à la construction et à la mainte-

Tableau 4 — Récapitulatif des changements réalisés à l'International Chimical Industries
(d'après Paul et Robertson, 1974)

Catégories de personnel	Responsabilités ou participation aux décisions	Indépendance de l'activité	Initiatives d'action	Créativité	Transmission d'information (nature)
Représentants	Transmettre ou non les dossiers à la direction. Négociations avec la clientèle en cas de malfaçon. Marge de prix sur les ventes.	Exécution des commandes.			Ascendante.
Ingénieurs de projet	Sélection et rémunération subordonnés. Choix des collaborateurs.	Coût de l'exécution des projets.			
Chefs d'essai	Recrutement des subordonnés. Transmettre ou non les informations à la direction. Formation apprentis.		Emission d'infos. Organisation du travail et fonctionnement.	Dans les modes d'exécution.	Ascendante.
Dessinateurs	Formation apprentis. Prise en compte du coût des projets.	Organisation de l'exécution.	Recherche personnel.	Groupes de création.	Descendante.
Maîtrise de production	Participation à la planification du travail. Contrôle de qualité. Engagement d'opérateurs.	Modification des directives sur la charge des ateliers.	Avis sur les projets. Rapports mensuels sur les ateliers.		
Opérateurs traitement	Responsabilité du rendement d'équipements nouveaux. Contrôle de qualité.	Choix des temps de pause.	Demandes d'entretien matériel.	du	

nance de locomotives et de wagons et compte près de 900 ouvriers et 100 cols-blancs ayant une organisation très hiérarchisée, manifestant un besoin de changement.

Celui-ci n'est pas choisi volontairement mais par tirage au sort. Il en résulte quinze groupes semi-autonomes dans lesquels le changement est introduit progressivement, à la suite d'assemblées hebdomadaires portant sur des problèmes spécifiques (mais non sur la sécurité ou les primes), fixant des buts à court et à long terme avec les délais et les stratégies pour les atteindre. Un questionnaire comprenant, entre autres, une échelle de participation et des éléments du questionnaire d'hackman et Oldham sur le potentiel motivationnel des emplois (Job Diagnostic Survey, 1975) décrit ci-dessous p. 54.

La productivité est mesurée tous les deux mois pendant une année. Elle n'est pas différente au départ entre les deux catégories de groupes, mais après le huitième mois il y a entre elles des tendances divergentes : déclin dans les groupes de contrôle et augmentation dans les groupes expérimentaux qui, à la fin de l'étude s'étend aux quinze groupes. Outre cela, l'expérience s'avère positive par les nombreuses initiatives prises dans les groupes semi-autonomes dans le domaine de l'innovation pratique, de l'ergonomie et de la maintenance et du contrôle interne, qui font baisser le nombre d'accidents.

De toute manière au plan psychologique, cette subordination de la valence de la participation à l'idéologie est interprétable à la lumière de ce que l'on sait en théorie du conditionnement : le pouvoir mobilisateur d'un renforcement est compromis, chez l'homme, si ce renforcement n'est pas accepté par lui. Cette acceptation, est dans ce cas précis, sous la dépendance de l'idéologie à laquelle adhèrent les travailleurs. Elle peut être refusée sous l'influence d'autres facteurs plus généraux comme la méfiance à l'égard de l'organisation. Hamner (1983) dans un bilan sur les effets des primes de rendement octroyées en s'inspirant de la théorie du conditionnement opérant souligne le fait que, souvent, les primes ne sont pas perçues comme des récompenses. Elles sont imputées à des calculs de rentabilité de la Direction, mettant en rivalité un Département avec d'autres, un individu avec les autres. Sous l'influence de la théorie E.I.V. le pouvoir mobilisateur des facteurs *intrinsèques* selon Herzberg a perdu de son exclusivité. De l'enrichissement du travail, on est passé à l'usage d'incitateurs divers dont les primes de rendement utilisées selon les règles du conditionnement opérant. Les entreprises se sont donc mises à étudier des programmes O.B.M. (Organizational Behavior Modification) mettant en œuvre ces facteurs extrinsèques (soit monétaires, soit seulement psychologiques, comme les louanges, les incitations morales, le soutien de la Direction, remplaçant les environnements coercitifs). De véritables techniques de motivation sont nées, fixant les comportements à renforcer, la quantité et la fréquence de ces renforcements, mettant au point, par ailleurs, des techniques de mesure des effets de ces programmes. Dans leur bilan récent sur ces programmes, des auteurs font des réserves dont les plus fréquentes sont :

a. les difficultés d'application et d'évaluation quantifiée de leurs effets, notamment de l'appréciation des performances, trop souvent subjective (Korman et coll., 1977, Hamner, 1983);

b. le danger qu'il y a à développer l'association des primes monétaires au rendement. Celles-ci, semble-t-il, entraînent la dépendance des travailleurs à l'égard du supérieur hiérarchique, attisent la compétitivité entre employés, et même parfois on en arrive à l'hostilité, à la méfiance, bref, à une mauvaise ambiance qui détruit l'estime mutuelle et l'estime de soi;

c. Hamner souligne que le délai d'obtention des primes, le secret observé sur la manière dont elles sont attribuées et les fausses croyances que cela entraîne compromettent les résultats de nombreux programmes O.B.M.

C'est pourquoi on tend à s'en tenir à des techniques plus prudentes, proches de celles de l'enrichissement des tâches : fixation de buts, d'objectifs limités, élévation de la complexité, de la responsabilité, démonstration de l'interdépendance des emplois, soutien par la direction. Le pouvoir mobilisateur des *extrinsèques* n'est pas en cause, mais leur utilisation est plus difficile que celle des intrinsèques pour des raisons nombreuses dont «l'authenticité apparente» est sûrement la plus constante : l'enrichissement du travail avec toutes ses variétés accroît la valence de la tâche et des mobiles psychologiques qui lui sont associés de manière non-suspecte. C'est pourquoi son acceptation est plus générale (et, partant, ses effets mobilisateurs plus assurés) que le système des «primes de mérite». Il y aurait peut-être des progrès à faire dans l'autogestion de ces primes par le personnel lui-même. Mais celle-ci ne serait pas exempte de dangers : elle ne ferait que déplacer la source de la méfiance. Comme le souligne Hamner, la question des primes va plus loin que la question de leur équité : elle concerne l'estime de soi.

L'ENRICHISSEMENT DU TRAVAIL EN FRANCE

Les tentatives d'enrichissement du travail n'ont pas été seulement le fait des pays anglo-saxons. De même que le Taylorisme, la critique du Taylorisme a été introduite en France. La rationalisation du travail, dit en substance Jacques Delors, maintenant comme seul stimulant le salaire, introduit une coupure entre l'économique et le social (cité par Savall, 1978). Les solutions proposées à cette coupure n'ont fait que la maintenir : changer «l'environnement» du travail (et non son contenu), modifier les relations humaines (sans mettre en cause la hiérarchie ni l'unité du commandement), tout ceci dépossède le travailleur de son autonomie et l'empêche d'exercer une maîtrise quelconque sur son travail.

Dans le même sens, la création de l'A.N.A.C.T. en 1969 a eu pour but d'étudier, à propos d'une amélioration des conditions de travail, à la fois les facteurs extrinsèques (hygiène, sécurité, nuisances, relations horizontales, rapports avec la hiérarchie, climat de l'organisation), et les facteurs intrinsèques (intérêt, degré de parcellisation ou d'achèvement du travail, type de contrôle, de commandement), en somme toutes les conditions qui activent ou peuvent freiner l'exercice des capacités dans le travail ou leur développement.

Le bilan d'ensemble de ce qui a été fait en France tel qu'il est donné par Savall (1978) est précédé de statistiques socio-démographiques importantes (sur l'absentéisme notamment, à Paris et en province. L'étudiant aura intérêt à s'y reporter). L'intérêt de ce bilan est également d'y apporter un éclairage indispensable, rarement envisagé par les psychologues : il consiste à intégrer les variables économiques parmi celles qui doivent conditionner le changement, et, d'autre part, à élaborer un dispositif de mesures permettant de comparer les coûts réels et complets des différentes formes d'organisation du travail, bref, d'entreprendre un calcul économique du changement.

Les différentes formes d'enrichissement du travail sont également rendues nécessaires par l'élévation du niveau culturel de la population active (prolongation de l'enseignement scolaire, formation continue, pénétration des médias). D'où la désaffection ou le refus d'emploi des couches jeunes de cette population, qui sont en ce moment masqués par la crise de l'emploi mais qui apparaissaient en pleine lumière en 1969-70 : Une offre d'emploi non satisfaite pour deux demandes dans le secteur secondaire et inversement, dans le tertiaire, pour une offre d'emploi 7 à 8 demeurent non satisfaites : cet élan vers la tertiarisation est une conséquence inévitable de l'élévation du niveau culturel.

La typologie des solutions expérimentées en France comprend :

1. *L'élargissement des tâches* par groupement horizontal de tâches *ayant même niveau de qualification* et aboutissant à un allongement du cycle de travail. Cette solution, adoptée à Lyon (chez Ciapem, chez Thomson-

Brandt) n'a pas été un franc succès : la variété introduite entraîne la nécessité de mémoriser un cycle plus long et certains ouvriers en préfèrent un plus court. C'est là une réaction différentielle que nous avons rencontrée plus haut à propos des besoins supérieurs en matière de travail (p. 57). Dans d'autres industries, l'écho semble avoir été plus positif (à Saint-Gobain notamment). En général cependant, cette solution — considérée comme timorée parce qu'elle ne crée pas de grandes distorsions dans les statuts et les rôles du personnel (celui de la maîtrise demeure inchangé) a l'avantage de diminuer la fatigue nerveuse et d'élever la productivité, ce qui est un signe comportemental de motivation, sans doute par accroissement de la valence de la tâche elle-même.

L'alternance des postes dans des entrepôts ou des magasins à grande surface est une solution peu différente mise en œuvre également en France.

Il faut observer que, selon Savall, l'élargissement des tâches a été tenté en France avant la publication des travaux d'Herzberg : dès 1952 à la régie Renault une préexpérience fut réalisée à propos du réglage des machines, qui passa des régleurs aux ouvriers spécialisés eux-mêmes. Vingt ans plus tard, l'élargissement des tâches sur la chaîne de sellerie de Billancourt fait passer le cycle de 2 mn 8 à 10 mn. Entre 1969 et 1971, à la suite de grèves, une expérience de rotation est également tentée toutes les heures sur deux ou trois postes. En 1972, d'autres expériences du même type sont réalisées. Ce qu'il faut noter également c'est que la productivité, loin de baisser, augmente par suppression des temps morts entre deux postes.

2. *L'enrichissement des tâches*, vertical ou arborescent lorsqu'il intègre, à *différentes étapes* du processus des tâches annexes (entretien, réglage, réparations). Cette solution a été employée depuis 1974 à la SAVIEM et s'est accompagnée d'une élévation de la qualification et du nombre d'ouvriers professionnels. Chez Kodak-Pathé à Chalon-sur-Sâone l'enrichissement a consisté à adjoindre à la conduite de machines des réglages et de petites tâches administratives.

A la régie Renault en 1972, l'élargissement des tâches s'accompagne d'un enrichissement substantiel dans la fabrication de la R 15 et de la R 17. La gamme des opérations est élargie en amont par l'adjonction de tâches de préparation et en aval de retouches en fin de chaîne et l'accrochage du train avant sur la chaîne de peinture. Les O.S. participant à l'expérience sont des volontaires, formés au préalable par les contremaîtres. Là encore, un gain de productivité de 5 à 7 % est réalisé ainsi qu'un accroissement de la qualification et une augmentation du salaire des O.S.

3. *Les groupes semi-autonomes* sont une solution qui s'impose lorsque, dans un processus de travail il y a, pour certaines fonctions, interdépendance des informations et des opérations. Ces groupes représentent une structure rassemblant des fonctions et des tâches complémentaires et ayant une signification globale. A l'intérieur du groupe, chaque ouvrier doit pouvoir accomplir, outre les tâches connexes de son travail principal habituel (polyvalence marginale), toutes les opérations assumées par le groupe.

L'expérience la plus ancienne dans ce domaine fut celle de Rhône-Poulenc Textile (1969) dans un atelier de filature à la chaîne automatisé. L'intervention des opératrices se faisait à la sortie de la chaîne, ou pour le changement des bobines, ou en cas de rupture du fil, ou lors d'incidents de la machine.

Dans l'état antérieur, les temps d'intervention et les modes opératoires des ouvrières étaient fixés, le chef d'équipe assurait la planification à court terme et le contrôle, sous l'autorité d'un contremaître. La restructuration a éliminé la fonction de chef d'équipe et réparti les tâches sur des groupes semi-autonomes et sur la maîtrise. Les objectifs sont fixés annuellement par le chef de service, la planification mensuelle ou hebdomadaire se fait en accord avec le contremaître. La division du travail, l'ordonnancement, la détermination de la charge de travail et les contrôles sont effectués par les groupes.

Cette organisation souple permet une adaptation permanente des groupes à l'évolution des techniques. La hiérarchie a conservé le pouvoir de nomination du contremaître, ainsi que ceux de recrutement ou de sanction. Il est évident que l'équipe semi-autonome réunit les avantages motivationnels de l'élargissement et de l'enrichissement des tâches (avec alternance et plurivalence). Il s'y ajoute des injections de facteurs de motivation qui rappellent ceux que nous avons déjà dégagés des initiatives de Paul et Robertson : l'équipe accomplit une part de gestion, de programmation, elle est investie de certaines responsabilités à un niveau décentralisé.

Le bilan économique comprend une baisse de l'absentéisme et du turnover, un accroissement du «premier choix» et une diminution des heures payées à la tonne (cf. Savall p. 84-85 et graphiques).

D'autres exemples particulièrement remarquables seraient à citer dans le domaine bancaire (traitement des chèques au Crédit Lyonnais), dans le domaine des unités industrielles de taille moyenne (ateliers de fabrication de panneaux stratifiés de bois et de feuilles de matière plastique).

Pour les contraintes qui sont celles de la mise en place dans ces innovations organisationnelles, nous renvoyons à l'ouvrage de Savall. Celui-ci les relève avec soin dans le *contexte français :* l'hétérogénéité psychologique et culturelle des travailleurs : certains rejettent l'OST avec vigueur, les autres s'en accommodent bien, moyennant des compensations (sur-salaire, diminution de la durée de travail); le donné syndical, notamment l'hostilité fréquente de certains syndicats à ces Nouvelles Formes d'Organisation du Travail; le donné technique, qu'il faut étudier avec soin avant de faire telle ou telle proposition concrète; le donné éducationnel avec les possibilités ouvertes par l'Education permanente. Et enfin, la viabilité économique dont l'étude est essentielle si l'on veut atténuer tant soi peu les préventions à l'égard des changements. L'insuffisance «pragmatique» des idées nouvelles appliquées sans étude économique est souvent reprochée aux psychologues et aux sociologues du travail.

RÉSUMÉ DU CHAPITRE 4

1. A l'origine, la théorie d'Herzberg concerne la satisfaction et non la motivation au travail : elle est construite sur des aspects de l'emploi, décrits au cours d'entretiens de travailleurs, comme ayant apporté :
– les uns de la satisfaction (facteurs «intrinsèques», tels que accomplissements, reconnaissance de soi, intérêt de la tâche)
– les autres de l'insatisfaction (facteurs «extrinsèques», tels que politique et administration de l'entreprise, rémunération, conditions de travail)

En utilisant des méthodes moins incertaines que les entretiens (échelles de satisfaction générale et de satisfaction, par aspects, de l'emploi) on a, par la suite, montré que les facteurs extrinsèques contribuent à la *satisfaction* générale comme les intrinsèques, mais dans une moindre mesure, c'est-à-dire sont dans l'ensemble moins fortement corrélés avec celle-ci que les intrinsèques. Ceux-ci sont donc des objectifs ayant une importance, une valence privilégiée.

2. Les successeurs d'Herzberg ont utilisé ces objectifs au cours *d'interventions* dans les entreprises dans lesquelles, sans rien changer aux facteurs extrinsèques on a *proposé* de les introduire auprès des travailleurs qui seraient d'accord avec ces changements : les intrinsèques gagnent ainsi de *l'instrumentalité* pour ceux qui les considèrent déjà comme désirables, puisqu'ils sont *volontaires* pour suivre l'intervention. D'autres équipes, non averties, servent d'équipes-témoins.

Les résultats de ces interventions consistent, entre autres, en une augmentation de l'efficience dans les équipes au travail enrichi, par comparaison aux équipes-témoins. L'analyse des changements aboutit à quatre rubriques :

a. Responsabilité accrue ou participation aux décisions;

b. Indépendance de l'activité;

c. Initiative d'actions;

d. Créativité (dans les modes d'exécution ou dans l'émission d'idées nouvelles);

e. Transmission d'information, en général ascendante.

3. En France également des initiatives du même ordre ont été prises dans des entreprises industrielles, commerciales ou bancaires de grande taille mais parfois de taille moyenne. Elles ont été accompagnées d'une étude

portant sur leur bilan économique : il est toujours positif (gain de productivité, accroissement de la qualification corollaire d'une élévation du salaire). On a classé ces interventions (appelées nouvelles formes d'organisation du travail N.F.O.T.) :

a. *Elargissement* des tâches par groupement ou alternance de tâches ayant même niveau de qualification.

b. *Enrichissement* des tâches par adjonction d'opérations (d'entretien, réglage, réparation) techniquement plus complexes que la simple conduite des machines, ainsi que de petites tâches administratives.

c. *Groupes semi-autonomes* dans lesquels tous les travailleurs sont appelés à effectuer l'ensemble des opérations assumées par l'équipe, y compris certaines de gestion et de programmation.

Les résultats de ces innovations sont en général une élévation de la productivité, parfois un accroissement de la qualification, une baisse de l'absentéisme et du turnover.

Leur succès (et d'abord leur acceptation) dépend du niveau d'éducation, de l'attitude des syndicats, de contraintes matérielles.

NOTE

[1] Cette différence dans les corrélations peut venir soit d'un groupement plus grand des scores des facteurs extrinsèques (comparés aux intrinsèques) soit d'une association plus étroite de ces facteurs avec la satisfaction générale. Une des rares recherches qui ait présenté des indices de dispersion des échelles utilisées est celle de Halpern. Ils sont très peu différents pour les huit facteurs et aussi élevés pour les intrinsèques que pour les extrinsèques. C'est donc la deuxième interprétation qui est la vraie.

Chapitre 5
Leadership motivation et efficience

Nombre de facettes de l'emploi susceptibles d'introduire des motivations sont sous l'influence de la conduite du supérieur hiérarchique, de son style de commandement, des gratifications ou des sanctions verbales ou autres qu'il distribue çà et là au cours de la journée de travail, des promotions qu'il contribue à refuser ou à faire obtenir par ses avis transmis à la direction.

On ne peut donc comprendre concrètement la motivation au travail sans étudier le leadership. Du reste ce concept et l'immense corps de recherches qui lui ont été consacrés avant et après la dernière guerre étaient axés principalement sur l'influence du leader sur l'efficience de son groupe et plus accessoirement la satisfaction des subordonnés.

ORIGINE ET ÉVOLUTION DES ÉTUDES SUR LE LEADERSHIP

a. La conception par traits physiques ou autres

Il faut ici rappeler qu'aux origines des recherches on a pensé trouver le « bon leader » dans l'optique des traits physiques, intellectuels ou de personnalité des individus exerçant de fait un commandement (leaders en place) comparés aux membres de leurs groupes ou bien accédant à cette responsabilité au cours de séances de travail informelles (leaders émergents). Le Traité de Lindzay contient une bonne recension de cette phase du concept. Parmi les traits physiques invoqués, la *taille* et le *poids* ont été notés comme traits influents dans de nombreux groupes de fait (équipes sportives, classes de différents âges, chefs de services privés ou publics). Mais, des résultats très variables obtenus, il est ressorti que ces deux traits n'interviennent que lorsque les tâches du groupe impliquent l'exercice physique et que, par ailleurs, ces traits sont associés à d'autres.

La santé apparente, l'aspect énergique et actif sont des facteurs plus généralement liés au commandement, mais dans l'ensemble, tous ces traits physiques et même les aspects et détails du vêtement ne sont associés au leadership que si les valeurs et activités du groupe le requièrent.

L'intelligence, en revanche est un trait psychologique bien plus souvent associé au leadership de fait. Ainsi Cattell (1946) a trouvé parmi ses douze traits primaires de personnalité un facteur de «capacité mentale générale» distinguant le leader, recouvrant des qualités diverses telles que : intelligence, maturité affective, fidélité, indépendance, décision, vivacité d'esprit, etc. A la même époque on constatait dans l'Armée que les candidats présentés après sélection au grade d'officier avaient des scores d'intelligence significativement supérieurs à ceux d'un échantillon représentatif de l'armée et de l'échantillon civil correspondant. Cependant la différence de niveau intellectuel entre leader et membres de l'équipe ne doit pas être trop grande, faute de quoi elle entraînerait des défauts de communication et des divergences de valeurs. Ce fait se vérifie aussi bien dans des groupes d'enfants que d'adultes.

Les étapes suivantes ont mis en évidence la présence, chez les leaders de groupes d'activités diverses, de traits autres qu'intellectuels : confiance en soi, sociabilité, extraversion, facilité d'expression, bref de traits susceptibles de rassurer les membres du groupe et de faciliter les communications entre eux et le leader.

b. La détermination des traits spécifiques aux milieux de travail

Précédées de nombreuses études de groupes de l'Armée américaine, les études portant directement sur les équipes de travail dans l'industrie ont émergé dans les années 1950 notamment à l'Université d'Ohio sous l'impulsion de Fleishman et de ses collaborateurs (1957). Les résultats de ces recherches sont maintenant classiques et les instruments psychométriques de détermination des qualités des chefs d'équipe sont encore utilisés de nos jours dans la pratique et dans la recherche. Le questionnaire descriptif de la conduite de commandement (LBDQ) de Fleishman condense en *deux facteurs*, extraits des réponses de subordonnés, les traits établis par des recherches antérieures. Ces facteurs sont :

1. *La considération* : conduites indiquant l'amitié, la confiance mutuelle, le respect et une certaine chaleur des relations entre le leader et son groupe, par opposition aux conduites indiquant l'arbitraire et l'impersonnalité envers les membres. Le questionnaire[1] comporte donc des items cotés positivement («Traite tous les membres du groupe comme ses égaux») et d'autres cotés négativement («Rejette les suggestions de changement»).

2. *La structure d'initiative* : conduites de définition et d'organisation des relations entre le leader et les membres, de partage des rôles, des communications, la définition des méthodes de travail et d'accomplissement des tâches. Parmi les items cotés positivement on peut citer : «Critique le mauvais travail» ou bien «Affecte les gens à des tâches précises». Et parmi les items cotés négativement : «Attend que les gens aient émis des idées nouvelles» ou bien «Réunit l'équipe à des moments réguliers».

Ces deux facteurs sont orthogonaux, c'est-à-dire que, dans les multiples cas d'espèce, un chef d'équipe ou un contremaître peut avoir des scores quelconques dans l'un ou l'autre sans que l'on puisse dire que l'un implique l'autre. On ne peut donc qualifier un responsable par une seule expression «leader démocratique» ou «leader autocratique» mais par deux degrés : l'un dans la dimension «Considération», l'autre dans la dimension «Structure d'initiative».

Partant d'une version de leur questionnaire descriptif de la conduite du contremaître destiné à être rempli par les ouvriers, Fleishman et ses collaborateurs en tirent des versions diverses : l'une, destinée aux *supérieurs des contremaîtres*, décrit quel est selon eux le contremaître idéal. On s'aperçoit ainsi, après enquête, qu'il y a une sorte de réaction en chaîne allant des attentes variables des chefs de département concernant leurs subordonnés jusqu'aux attitudes de ceux-ci vis-à-vis du contremaître idéal et enfin à la conduite effective des contremaîtres telle qu'elle est décrite par les ouvriers. La notion de climat de commandement devient ainsi opérationnalisable comme une transmission de styles de direction à travers les niveaux de la hiérarchie.

Un autre volet de l'étude montre la faible durabilité des effets de la formation psychosociale reçue par les contremaîtres au cours de sessions visant à élever leur considération et à atténuer leur structure. Revenus à l'usine, après un délai de 20 à 30 mois, les leaders formés ne se distinguent plus de ceux d'un groupe de contrôle qui n'a pas reçu de formation : «Le climat de commandement pèse plus lourd sur leurs attitudes que le fait d'avoir été formés ou non».

c. L'influence des dimensions du commandement sur la satisfaction et la productivité des subordonnés

Dans cette partie de la recherche on divise l'effectif total des contremaîtres (au nombre de 300) en deux sous-groupes selon qu'ils appartiennent aux départements de production ou de non-production (services administratifs, comptables, commerciaux). Les mesures de leadership utilisées sont obtenues à l'aide du F.B.D., (Description de la conduite du contremaître) rempli par quelques ouvriers dans chaque équipe. Pour la satisfaction quatre critères objectifs sont utilisés : l'absentéisme, les plaintes (formelles, écrites, déposées) indices fiables et faciles à interpréter, les accidents et le turnover, indices ambigus (comment distinguer les vrais accidents des simples repos à l'infirmerie?). Or l'absentéisme est corrélé négativement avec la considération, dans les deux types de départements, mais plus fortement dans ceux où la production s'effectue (probablement par une plus grande dispersion des scores de considération là où ce trait de modération et de bienveillance n'est pas coutumier); en revanche l'absentéisme est corrélé positivement avec la structure d'initiative dans les seuls départements de production et le turnover est corrélé positivement avec la structure dans les seuls départements de non-production : deux types distincts de réaction à la rigueur que constitue la structure qui expriment bien les possibilités variables dont disposent les ouvriers selon leur situation de travail.

Quant à *l'efficience*, mesurée par les cotations des chefs de division, elle est en général corrélée *positivement* avec la structure et négativement avec la considération dans les départements de production.

Corrélations de l'efficience avec

Départements	*Consid.*	*Struct.*
Production	-31*	.47*
Non-production	.28	-19

La première corrélation exprimerait la transmission des contraintes de temps dans les ateliers qui y sont classés, la deuxième la dissonance existant entre les comportements recouverts par la considération, (bienveillance, communication, attention portée aux subordonnés) et la situation habituelle de ces ateliers.

En revanche dans les départements de non-production, le tableau est inverse : l'efficience corrèle négativement avec la structure et positivement avec la considération, mais dans des mesures non significatives. Il semble que là encore le sens affecté par les corrélations entre les dimensions du commandement et l'efficience traduit la situation coutumière des services de ce genre où la rigueur n'est pas de mise mais où les bonnes relations avec les subordonnés est plus ou moins habituelle en vue d'une meilleure efficience.

Pour résumer ces deux paires de résultats il faudrait dire non pas — comme on l'entend souvent — que les dimensions du leadership classique sont périmées, mais que les comportements de reconnaissance personnelle (considération) ne sont incitatifs que dans les départements de non-production; que les comportements de structuration des rôles et de la tâche (structure d'initiative) ne sont incitatifs que dans les départements de production.

Il serait difficile de citer toutes les études faites en partant des deux dimensions découvertes par l'école d'Ohio. En les sélectionnant on peut dire cependant, qu'elles sont de deux sortes :

1. *Certaines tentent de corroborer les effets des deux dimensions* en y ajoutant des variables modératrices propres à la situation de terrain observée, Ainsi Schriesham et Murphy (1976) ont retenu comme modérateurs d'une part la pression, c'est-à-dire le stress régnant dans le groupe de travail, faisant l'hypothèse que, dans les groupes à haute pression, la structure d'initiative a un effet favorable sur la performance (et sur la satisfaction) et la considération un effet inverse : elle clarifie des tâches à faire; d'autre part la taille du groupe : elle aurait les mêmes effets combinés avec les dimensions du leadership : dans les grands groupes la structure est plus incitative que la considération et dans les petits groupes c'est l'inverse; enfin la clarté du rôle : lorsqu'elle est grande, la structure aurait un effet négatif sur la performance — puisqu'elle devient redondante avec cette clarté.

L'étude porte sur une vingtaine de groupes de fonctionnaires noirs implantés sur tout le territoire américain chargé de conseiller la population urbaine noire. Dans chacun des groupes trois employés évaluent à l'aide d'échelles les dimensions décrivant la conduite de leur supérieur, le stress et la clarté du rôle de travail, et enfin la satisfaction globale. La performance de chaque membre est évaluée par le supérieur responsable. Il s'avère après calculs que la satisfaction et la performance ne sont pas corrélées entre elles, pas plus que les modérateurs entre eux. En revanche les deux dimensions du leadership le sont, d'où la nécessité d'utiliser les corrélations partielles. On dichotomise par ailleurs les groupes selon la médiane de chaque modérateur. L'effet du stress est conforme à l'hypothèse : dans des conditions de faible pression la structure a un effet négatif sur la performance et la considération un effet positif. La taille des groupes n'a d'effet que dans la relation considération-satisfaction mais non dans les relations concernant la performance; la clarté du rôle de travail a l'effet modérateur prévu par l'hypothèse : lorsqu'elle est élevée la relation structure-performance est négative et significative; elle s'annule dans les cas de faible clarté (où elle cesse d'être redondante avec cette clarté). Les relations combinées entre dimensions du leadership (que nous avons appelées style) et performance sont importants : avec une faible considération la structure est corrélée négativement et significativement avec la performance, et cette corrélation s'inverse avec une forte considération.

Ces résultats en confirment d'autres obtenus sur des terrains variés : la structure est moins incitative si elle est associée à une faible considération que dans le cas inverse : elle est dysfonctionnelle si elle n'est tempérée par de la considération, du moins dans des équipes administratives. De même la relation structure — performance n'est négative que dans les groupes à faible pression : la structure n'abaisse la performance que dans les groupes dénués de stress — car elle y devient discordante et sans utilité. Dans l'ensemble, dans des conditions de faible pression et si les rôles sont clairs, la considération élève le rendement; elle l'abaisse dans des conditions inverses.

Dans d'autre cas les dimensions du leadership ont été corrélées dans le même sens avec l'efficience plutôt chez des opérateurs que chez des cadres de grandes aciéries. Ainsi chez Downey et coll. (1975). Leur étude part de l'idée que, lorsque la tâche est instructurée, le leader doit la guider pour éviter les tâtonnements, mais ne pas poursuivre ce guidage trop longtemps : dans ce cas la corrélation entre structure d'initiative et efficience est positive. Dans les tâches structurées c'est la considération qui motive les subordonnés et les entraîne à produire davantage. Les postes comparés sont, d'une part, ceux d'opérateurs dont le travail est réglé par des procédures opératoires et des méthodes standardisées et d'autre part ceux de cadres effectuant un ensemble de tâches variées (marketing, contrôle de production, solution de problèmes divers). La performance des deux groupes est mesurée par des indices objectifs (primes perçues, augmentations de salaire) et les deux dimensions du leadership le sont à l'aide du L.B.D.Q. En outre une mesure des trois composantes de la motivation (E., I., V.,) est obtenue pour 14 résultats ou attentes les plus fréquemment cités dans des interviews. La somme des produits EIV est appelée «récompenses du travail».

Il s'avère que, pour ce qui est du leadership, la structure d'initiative et la considération sont corrélées entre elles. Il faudra donc utiliser les corrélations partielles pour connaître la liaison de chaque dimension du leadership avec les variables dépendantes. La première n'est corrélée avec la performance ni chez les opérateurs ni chez les cadres. La deuxième l'est positivement et significativement chez les opérateurs mais non chez les cadres. De plus la somme de produits E.I.V. est corrélée positivement avec la considération mais non avec la structure d'initiative, cela dans les deux groupes. «Elle a plus d'influence sur les attitudes et la motivation perçue, quelque soit le degré de structuration du travail.»

Une autre variable modératrice appelée à prendre de l'importance avec le changement social est le sexe des leaders dans les groupes de travail. Les femmes sont-elles plus «considérantes» que les hommes dans la direction de leurs équipes? La réponse affirmative n'est obtenue qu'à titre de stéréotype, partagé, au demeurant par les deux sexes. Brown (1970) a contribué à l'établir en demandant à des cadres masculins et féminins de remplir un questionnaire de leadership d'une centaine d'items. Les deux groupes donnent des résultats équivalents qui confèrent aux cadres des traits plus congruents avec la masculinité qu'avec la féminité. Mais si le L.B.D.Q. est administré à des opérateurs pour décrire en situation réelle leurs contremaîtres, hommes ou femmes, la considération s'avère équivalente chez les leaders des deux sexes tels qu'ils sont perçus.

Dans une autre étude utilisant aussi le L.B.D.Q. l'effet modérateur du sexe du leader dans la relation style de commandement-efficience n'a pu être mis en évidence. Des effets de stéréotypie plus subtils sont également établis : la *perception* des leaders masculins a été trouvée moins efficiente que celle de leaders féminins alors que le rendement des groupes était le même : le stéréotype qui jouait dans la perception consiste à abaisser le *niveau d'efficience attendu des leaders* féminins comparativement aux masculins.

Si le sexe des leaders est soumis à des stéréotypes, ce n'est pas le cas de certaines variables de personnalité telles qu'elles sont auto-estimées par eux-mêmes mais qui peuvent transparaître dans leur activité de commandement. Le cas du lieu de maîtrise (locus of control) a été bien étudié par Johnson et coll. (1984). D'une manière générale la performance, telle qu'estimé par les subordonnés ou objectivement, est plus élevée lorsque le leader est internaliste plutôt qu'externaliste : dans le premier cas, estimant que la performance du groupe dépend de lui, il fait plus d'effort pour le mener et pour suivre son activité. L'étude porte sur une centaine de contremaîtres d'entreprises très variées (fabrication, commercialisation, services, services publics) ayant été en contact prolongé avec leurs subordonnés. Ils remplissent l'échelle de Rotter (1966) consacré au lieu de maîtrise (L.O.C.) tandis que les subordonnés répondent à différentes sous-échelles du LBDQ concernant leur contremaître, et à d'autres échelles portant sur l'influence qu'il a sur la productivité ou sur le groupe, telle qu'elle est ressentie par eux. Les résultats montrent que les contremaîtres internalistes selon eux-mêmes sont perçus comme plus influents, plus efficaces et plus stimulants pour la productivité que les externalistes. Cette différence significative s'étend aussi à la satisfaction des subordonnés. Mieux encore elle se fait sentir le plus nettement, aux degrés élevés de leur influence, sur la productivité. La conséquence tirée par les auteurs pour la formation des contremaîtres est qu'il faut leur montrer la nécessité d'exprimer visiblement de l'internalité, c'est-à-dire son sens des responsabilités, son implication personnelle dans le fonctionnement du groupe.

2. *Certaines autres études ont tenté de préciser les variables qui, dans la conduite du leader, aboutissent à l'évaluation des performances des subordonnés* et, par suite, à l'éloge ou à la critique qu'il leur adresse. Ainsi Mitchell (1979) s'est intéressé aux deux types d'attributions que les supérieurs utilisent en cas de faiblesse ou de fautes commises par leurs subordonnés : attribution interne (elles ont leur source dans le manque de capacités, d'effort) ou externe (elles ont leur source dans la difficulté de la tâche ou le manque de formation ou d'information des subordonnés). L'étude tente de préciser quelles informations sont utilisées par le supérieur pour conclure à son attribution : la spécificité de la tâche (lorsque le subordonné effectue correctement d'autres tâches)? La consistance (il effectue, en général, bien cette tâche)? Le consensus (d'autres subordonnés effectuent mal cette tâche)? La combinaison de ces trois indices cotés chacun positivement ou négativement conduit à une attribution externe ou interne. Une autre prédiction concerne la gravité des conséquences de la faute ou de l'insuffisance et son effet sur les attributions. La nature de l'attribution entraîne deux sortes de réponses : si elle est interne, on recourra à la réprimande, à la suspension ou au renvoi; si elle est externe on modifiera si possible la tâche ou bien on accordera au subordonné plus d'information, plus d'aide, etc. Deux expériences sont organisées sur ces problèmes avec des infirmiers-chefs échantillonnés au hasard dans plusieurs hôpitaux. On leur soumet des fautes professionnelles recueillies au préalable, ainsi que leurs causes possibles (ou attributions) et les sanctions encourues. Des juges décident par ailleurs si les attributions recueillies sont, sans ambiguïté, externes

ou internes. Les infirmiers ont donc à se prononcer pour chaque faute sur sa spécificité, sa consistance et le consensus dont elle fait l'objet, puis à décider en partant de là, de leur attribution (causes) et des sanctions encourues. En outre ils doivent déterminer sur des échelles quelle a été la qualité de l'histoire professionnelle des auteurs de la faute, la gravité de celle-ci d'après ses conséquences. L'analyse des résultats montre que la qualité de l'histoire professionnelle a un effet général très significatif sur l'attribution de l'incident; il en est de même de la gravité des conséquences. Mais il n'y a pas d'interaction entre ces deux déterminants de l'attribution. Cette étude démêle le cheminement par lequel le responsable parvient à ses conclusions et distribue ses sanctions.

Dans une recherche ultérieure Knowlton et Mitchell (1980) ont étendu leur examen aux performances plus ou moins bonnes et aux conditions de leur estimation par des supérieurs. Il s'agit d'une expérience de simulation faite sur des étudiants encadrés en équipes de trois par d'autres étudiants censés être leurs contremaîtres. La tâche consiste en un codage de questionnaires dont il faut reporter les données. Elle dure une heure et les erreurs sont ensuite comptées ainsi que le nombre de questionnaires codés. Les contremaîtres reçoivent sur chaque «employé» un test de personnalité censé avoir une bonne corrélation avec la tâche, mais qui a été coté a priori : il indique *l'habileté* plus ou moins grande de l'employé. *L'effort* déployé par celui-ci est évalué directement par le contremaître observant des signes perceptibles tels que les pauses, la concentration, l'allant, etc.

A la fin de la séance les contremaîtres évaluent les performances sur des échelles (quantité, qualité du travail, connaissances, etc.) dont on somme les scores pour obtenir une évaluation générale.

L'hypothèse testée est qu'il y a une interaction entre la qualité de la performance et l'attribution qui en est faite à l'habileté ou à l'effort. Les données permettent de conclure que cette interaction existe : une attribution à l'effort donne des évaluations plus contrastées des performances qu'une attribution à l'habileté : les performances élevées donnent lieu à de plus fortes évaluations et les performances basses à de plus faibles, selon que le «dossier» de l'employé contient des indices d'effort ou d'habilité plus marqués.

Malgré les réserves (que font du reste les auteurs) sur la brièveté de la tâche et l'identité des personnes l'étude est indicative d'une consonance recherchée par les leaders entre ce qu'ils savent sur les subordonnés et les appréciations qu'ils donnent sur leurs performances.

3. Enfin d'autres études portent sur *les mécanismes d'influence de la conduite du leader sur la performance* des subordonnés qui, en quelque sorte, sont sous-jacents à son style de commandement. Lorsque le leader décerne des récompenses ou des sanctions fut-ce verbalement, ces comportements peuvent être perçus comme plus ou moins dépendants ou indépendants des performances réellement accomplies par les employés. Cette perception n'est pas sans influence sur les performances et celles-ci en ont une, probablement, sur la conduite du leader. Ce jeu de miroir a été abordé par Podsakoff et coll. (1982) sur 72 contremaîtres et administrateurs d'une organisation sans but lucratif de l'Ouest des Etats-Unis. Ils remplissent, au cours d'une séance de planning, un questionnaire sur leurs supérieurs hiérarchiques mesurant la dépendance ou l'indépendance des récompenses ou des punitions qu'il attribue au cours du travail. La performance de ce personnel est évaluée par les supérieurs directs. On obtient aussi à l'aide du J.D.I. des mesures de satisfaction des subordonnés. Les relations suivantes sont établies : il y a une relation positive et significative entre la dépendance des récompenses et les performances accomplies (ainsi qu'avec la plupart des facettes de la satisfaction). Le meilleur rendement est donc constaté chez les employés dont les leaders récompensent les bonnes performances. Il n'en est pas de même s'ils accordent leur récompenses indépendamment de ce qui est fait. Les punitions n'ont pas d'effet sur le rendement, qu'elles soient dépendantes ou non des performances, mais si elles sont distribuées «au hasard» elles introduisent une insatisfaction constatable sur la plupart des échelles du J.D.I.

La conclusion est que le meilleur système de commandement (tout au moins dans les services de ce type) est celui des récompenses dépendantes. Il faut encore ajouter que la relation de ces récompenses au rendement est renforcée chez les forts producteurs (effet modérateur de la performance sur la relation générale). La conséquence tirée par les auteurs est que, pour retenir les bons travailleurs, il faut les diriger selon ce système. Dans le jeu de miroir entre supérieur et subordonné la relation causale est, semble-t-il à double sens : l'influence la plus efficace du supérieur est celle qui répond à la bonne performance par une récompense sélective. Mais la bonne performance semble aussi résulter d'une telle conduite.

Cette causalité réciproque des conduites a été mieux encore explorée par Szilagy (1980) par la méthode des corrélations à délais croisés[2]. On prend la mesure de la conduite gratifiante du supérieur au début et à la fin d'une période de trois mois (CG1 et CG2) ou punitive (CP1 CP2) et, aux mêmes moments, la mesure de la performance des subordonnés (P1, P2).

L'une est établie par des indices tels que les actes de reconnaissance, les primes et l'autre par les réprimandes, les rejets de primes. L'entreprise étant consacrée à la commercialisation, la performance y est mesurée par le nombre de transactions accomplies par jour. L'absentéisme est relevé ainsi que la satisfaction au travail à l'aide du J.D.I.

La corrélation entre CG1 et P2 est bien plus élevée qu'entre CG2 et P1 (.48 contre .17) et leur différence est significative : cela veut dire qu'il faut un certain temps pour que la conduite gratifiante se marque par des différences individuelles de performance chez les employés. On considère donc que la relation causale va de la conduite du supérieur à la performance des employés. Il en va de même pour la satisfaction au travail. La conduite punitive n'est pas cause des mauvaises performances, mais de dis-satisfactions diverses. En outre *elle est causée* par les mauvaises performances : la corrélation CP2 P1, négative, est bien plus forte que la corrélation CP1 P2, presque nulle (-.57 contre -.07); leur différence est significative. Cette double causalité est ici asymétrique : si l'influence de la conduite gratifiante du supérieur est bien attestée sur les performances, celle de la conduite punitive ne l'est pas. De même l'influence de la mauvaise performance sur la conduite punitive est établie, l'influence inverse ne l'est pas. Dans l'ensemble, la recherche apporte un appui au concept de conditionnement opérant appliqué au groupe de travail dans un site de recherche nouveau, celui de la vente, où l'opérateur n'est pas seulement en contact avec des machines ou des outils mais avec des humains, les clients. Il faut noter enfin que les corrélations entre satisfaction et performance sont toujours voisines de zéro : au début de la période : r = .09, à la fin r = .05, ceci malgré la qualité des instruments de mesure de l'une (le J.D.I.) et de l'autre (objectivité du nombre de ventes et non appréciation par un supérieur).

Le concept de récompense dépendante est par étendu Komaki et coll. (1989) à des équipes encore plus éloignées du schéma de l'atelier industriel mais que l'on peut trouver dans certaines circonstances de travail : les équipes avec interdépendance des tâche. Comment optimiser leur direction? Le site est une régate universitaire comprenant dix bateaux dont chacun possède des skippers, un équipage et un observateur. Le critère de performance est le succès à une course parmi les six organisées la même semaine. On prévoit la permutation des équipages et des bateaux. Les observateurs sont entraînés et permutés d'un équipage à un autre. Ils notent leurs observations toutes les 15 s. à l'aide d'un instrument codable (taxonomie et indice de commandement opérant d'équipe, OSTTI). Comme, dans l'ensemble, plusieurs juges sont amenés à tour de rôle à observer le même équipage, on est en mesure d'évaluer l'accord inter-juges. Il est très élevé.

Les résultats montrent que les succès aux courses sont significativement corrélés avec, d'une part les feedbacks donnés par les skippers lorsqu'ils apprécient tout haut la marche de l'équipage et d'autre part avec leur collecte d'information (monitorat). En revanche la fréquence des actes de coordination par les skippers n'est pas corrélée avec le succès.

L'ensemble de ces résultats concordants invite à les interpréter en termes de motivation : les gratifications, les feedbacks sont des «résultats» qui ont une *valence* alors que les réprimandes et les punitions n'en ont pas. Les travailleurs fournissent un effort pour rechercher les premières mais non pour éviter les secondes : on aurait dans ce cas une corrélation *positive* entre la fréquence des punitions et l'ampleur des performances. Ce n'est jamais le cas. D'autre part lorsque la conduite gratifiante n'est pas déployée au hasard (lorsqu'elle est dépendante de la bonne performance) elle acquiert pour l'employé une *instrumentalité* qu'elle n'a pas lorsqu'elle n'est pas dépendante. Ce lien requiert un certain temps pour s'établir, comme Szilagy l'a montré.

Cependant l'absence d'effet des punitions sur la performance n'est pas mise en évidence lorsqu'on cherche à la tester simplement par l'examen de l'opinion des travailleurs. Ceci a été établi par O'Reilly et Puffer (1989) sur 124 employés de commerce qu'on interroge par questionnaires sur des situations typiques décrivant des performances bonnes ou mauvaises auxquelles ont été appliquées des sanctions positives ou négatives méritées ou bien qui n'ont pas été sanctionnés. Les questionnaires comportent des échelles de motivation à produire, de satisfaction (tâche, collaborateurs, salaire, supérieur hiérarchique, promotion) et enfin d'équité estimée de la Direction.

L'analyse statistique montre que, d'une manière générale, l'application de sanctions justifiées quelles qu'elles soient correspond à une élévation de la motivation à produire par opposition à l'absence de sanctions. De même pour ce qui est de la satisfaction et de l'équité. Il n'y a pas de différence significative de motivation à produire selon qu'il s'agit de récompenses ou de punition. Tandis que le sentiment d'équité est supérieur en cas de sanction négative méritée qu'en cas de récompense méritée. Il semble, disent les auteurs, que, selon l'opinion des employés, la récompense n'est pas nécessaire pour sanctionner de bonnes performances qui «vont de soi». Des réserves sont à faire selon nous sur une recherche de terrain dont les performances ne sont estimées qu'en termes d'opinions et non d'actes réels des employés. Une telle recherche cependant témoigne de la solidité de la notion de récompenses ou punitions *dépendantes* c'est-à-dire «méritées».

d. Des traits et styles de commandement à la conjoncture

L'école de l'Ohio eut le mérite de mettre au point un instrument rigoureux mesurant non seulement les deux dimensions du commandement des équipes de travail *in situ* mais aussi leur combinaison : avec celle-ci on est passé des traits aux styles et aux variétés de celui-ci selon les types de situations. Autant dire qu'il n'y a pas de style imposé dans les groupes de travail en général, mais qu'on peut préciser chaque style par deux mesures LBDQ.

Allant plus loin dans cette spécification, Fiedler (1967) a tenté de conceptualiser les variables qui distinguent les groupes les uns des autres. Ce sont :

1. *Le degré de structuration* des tâches, c'est-à-dire de permanence des consignes et de leur succession avec, à l'un des extrêmes, des tâches très structurées qui s'imposent par exemple aux équipes des aciéries travaillant dans les hauts-fourneaux et, à l'autre, les membres d'un conseil d'administration travaillant dans des séances où chacun peut s'exprimer et influer sur la marche de l'ordre du jour et les décisions prises.

2. *Le degré de pouvoir* conféré au leader en vertu de sa position (avec comme exemples polaires d'une part des cadres de distribution, formellement très puissants et de l'autre des chefs d'équipes sportives dans des lycées, peu puissants).

3. *La qualité des relations* interpersonnelles entre leader et membres, telles qu'une mesure sociométrique permettrait de l'établir.

Les niveaux de ces trois variables étant supposés connus, dont l'ensemble peut être appelé «conjoncture» du commandement, intervient alors une variable relationnelle étroitement attachée à la personnalité du leader, plus précisément à sa manière de traiter les membres du groupe. Cette manière est en fait détectée grâce à un score de «perception», par le leader, du caractère du membre «le moins aimé» (least preferred co-worker) et ce score L.P.C., obtenu au moyen d'échelles bipolaires définies par des adjectifs antonymiques (agréable-désagréable, amical-inamical, etc. Tandis que la combinaison des trois variables situationnelles varie sur un continuum, de la plus favorable (celle qui permet ou exige le plus de rigueur) à la plus défavorable, la relation entre les scores LPC et efficience, qui est curvilinéaire, est soit positive (allant jusqu'à +.47) soit négative (allant jusqu'à -.52). Cette liaison n'est positive que pour les valeurs médianes de la situation de groupe. Si l'on admet que les relations entre leader et membres du groupe sont bonnes, elle devient négative lorsque cette situation est soit très favorable (pouvoir fort, tâche très structurée : la bienveillance n'est pas possible) soit lorsqu'elle est très défavorable (pouvoir faible, tâche peu structurée : la bienveillance ajoute au laisser-faire).

Ces règles de commandement du modèle de Fiedler sont obtenues à la suite du recueil d'un grand nombre de données sur le rendement de groupes dont tous n'appartiennent pas au monde du travail. Si l'on écarte les groupes aux « situations » extrêmes soit par leur faiblesse (équipes sportives) soit par leur force (stations services d'essence), il reste ceux où la situation est moyennement favorable, mais variable cependant. Et là on retrouve, en de nouveaux termes, la dualité d'effets de la considération de Fleishman : elle est, comme la bienveillance L.P.C. de Fiedler, un *facteur d'efficience* dans les équipes de non-production, peu structurées, sans position de pouvoir forte (mais n'allant pas jusqu'aux situations d'amateurisme); elle est un facteur *contraire à l'efficience* dans les équipes de production où, pas plus que la considération, la bienveillance n'a sa place. Il reste entre les deux concepts (considération et attitude L.P.C.) une différence importante : la considération est un score obtenu en interrogeant les subordonnés sur leur contremaître, alors que le score L.P.C. est obtenu en interrogeant les contremaîtres sur leur attitude vis-à-vis du subordonné.

Bien des études des vingt dernières années ont été inspirées par la conception situationnelle de Fiedler. Si certaines prédictions en ont été vérifiées, d'autres n'ont pas eu ce succès. Ainsi, dans la Bundeswehr, Neuberger et Roth (1974) ont travaillé sur une cinquantaine de groupes placés sous le commandement de sous-officiers. Ceux-ci remplissent le questionnaire de Fiedler et un autre sur la position de pouvoir. La structure de la tâche est définie par une échelle standardisée de Hunt. Enfin les chefs d'unités déterminent l'efficience des groupes selon une dichotomie «bons-moins bons». On subdivise l'échantillon de groupes selon la combinaison des trois attributs définissant les conditions du leadership favorable ou défavorable. Dans les groupes à situation très favorable (position de pouvoir forte, tâche structurée) on trouve bien une corrélation négative assez forte (-.437) entre scores L.P.C. et efficience du groupe, mais la même corrélation dans les groupes à situation très défavorable n'est pas positive mais quasi nulle. On dira peut-être que le modèle de Fiedler ne peut guère être validé dans les armées où la position de pouvoir est forte et standardisée et l'efficience difficile à déterminer en temps de paix.

D'autres études ont tenté d'ajouter aux variables du modèle de Fiedler des variables modératrices nouvelles. Bryman et coll. (1987) ont ainsi montré que la durée d'une organisation, d'un projet, influe notablement sur la liaison entre scores «de bienveillance» L.P.C. et performance. Selon eux la signification de ce score est de donner, dans le commandement, un caractère prioritaire à la relation interpersonnelle. Or celle-ci, de même que la perception sélective du collaborateur le moins aimé, demande du temps pour s'établir. Dans certaines entreprises comme celles de construction immobilière, la variabilité de durée des projets est assez grande pour permettre de voir l'effet de cette durée sur les relations. Une quarantaine de projets tirés au hasard dans ceux d'une entreprise, prévus pour durer entre un et cinq ans sont la base de l'étude. Le responsable général de chaque projet, au cours d'une interview, remplit l'échelle de Fiedler et estime le degré d'achèvement du bâtiment. L'entretien a lieu aux deux-tiers de la durée prévue par le contrat. Les scores LPC moyens ne sont pas différents entre responsables des projets courts ou longs, mais il y a une corrélation générale positive et significative entre ces scores et les degrés d'achèvement. Si l'on sépare les projets selon leur durée prévue au contrat, on constate que, dans les projets de courte durée, la corrélation L.P.C.-performance n'est pas significative alors que, dans les projets de longue durée, elle l'est très fortement ($r = .67$; $P < .005$).

Ici la question se pose de savoir si l'attitude de bienveillance LPC est cause de la bonne performance ou bien si elle n'en est pas l'effet. Les auteurs estiment que la variable dont ils ont montré l'effet incline à penser que la direction causale va de la performance à l'attitude.

La même conclusion entre autres, est tirée par Dorfman *et alii* (1986) qui ont étudié, selon une méthode *longitudinale* l'effet d'entretiens d'évaluation d'employés dont on mesure la performance *avant* ces entretiens puis *un an plus tard*. Le terrain est une Université où 242 employés sont échantillonnés, occupant les emplois les plus divers (secrétariat, administrations, entretien, maintenance électrique), ainsi que leurs 121 cadres. Ceux-ci procèdent à l'entretien puis le décrivent en remplissant un questionnaire présentant trois types de conduites ayant pu être suivis par eux vis-à-vis de tel et tel subordonné : a) *soutien* et information sur l'évaluation de la performance; b) *stimulation* visant à élever celle-ci; c) *discussion* sur la paye et l'avancement. (ces trois types de conduite apparaissent comme facteurs dans une analyse factorielle ultérieure qui montrera qu'ils rendent compte de 66 % de la variance). Il s'agit de savoir comment ces conduites sont appliquées selon la performance mesurée par eux avant l'entretien, puis dans quelle mesure elles sont prédictives des performances mesurées un an plus tard.

Les résultats montrent que les cadres sont influencés par les performances mesurées en temps I : vis-à-vis des bas producteurs, ils dépensent plus d'effort pour stimuler leur performance et discuter de la paye et de l'avancement qu'ils ne le font vis-à-vis des forts producteurs; ceux-ci en revanche reçoivent plus de soutien et moins de feedback. Le bilan de cette manière d'agir n'est pas efficace : la performance en temps II est fortement corrélée avec la performance initiale et ne semble pas avoir été modifiée par l'entretien d'appréciation.

Les auteurs, après avoir constaté que la motivation (déclarée par les travailleurs) est très corrélée avec le soutien et que celui-ci est un bon prédicteur de la performance, estiment qu'il serait plus efficace d'en donner aux faibles producteurs qu'aux forts ou bien de leur donner des informations évaluatives dans un climat de soutien.

Quoiqu'il en soit l'application du modèle de Fiedler suppose que, dans les contacts entre l'équipe et son responsable, celui-ci apprenne à distinguer les membres les uns des autres, non seulement d'après leurs performances mais, plus personnellement en tant qu'individualités. Cet aspect du leadership est mis en évidence par le score LPC. Il est retrouvé parmi cinq autres dans l'étude de Waldman et coll. (1987). Celle-ci utilise, comme mesure des aspects du commandement, le questionnaire multifactoriel de Bass. Dans cet instrument on distingue le leadership *transactionnel*, recouvrant la direction par exceptions (corrective et punitive), ou par récompenses dépendantes (mise en relief du lien entre performance et récompense) et le leadership *transformationnel*, recouvrant le charisme (confiance accordée aux capacités du leader), considération individuelle (attention personnelle accordée aux membres), stimulation intellectuelle (capacité d'entraîner à la réflexion).

L'étude en question porte sur 256 contremaîtres et cadres d'une grande société de manufacture et de vente occupant tous les services et degrés de responsabilité d'encadrement. Par ailleurs l'appréciation de la performance se fait par la compagnie au moyen de douze échelles comportementales très corrélées avec la performance objective. Les enquêtés répondent au questionnaire de Bass et à un autre mesurant leur satisfaction de l'appréciation de leur performance (actuelle et future) et des récompenses reçues.

Les résultats montrent que, parmi les cinq facteurs du leadership, aucun de ceux du leadership transactionnel n'est corrélé à la performance objective. Mais deux des facteurs du leadership transformationnel le sont positivement et significativement : charisme et considération individuelle. Ces facteurs ont des corrélations de même sens avec la satisfaction exprimée par les sujets sur la manière dont ils sont appréciés et récompensés, tandis que le management par exceptions a des corrélations négatives avec les facettes de cette satisfaction. On retrouve ici le jeu de miroirs entre la valence du résultat « reconnaissance par le supérieur » et accroissement de la performance. Mais la « considération individuelle » y ajoute un aspect qui dépasse la centration sur l'éloge de la performance. Un des items de ce facteur est : « Accorde une attention personnelle aux membres qui paraissent négligés ».

Cette capacité de différenciation en général des membres du groupe par le leader a été soulignée par Evans (1973) comme un des facteurs accroissant la précision du score LPC améliorant à la fois la distinction des items relatifs à la tâche et des items inter-personnels et le repérage du « collaborateur le moins aimé ». Cette capacité serait mesurable par la variance inter-items des scores au questionnaire L.P.C. (la version utilisée par Evans contient des items reliés à la tâche, interpersonnels et mixtes).

Elle paraît être sensible à une formation — du moins chez des cadres de recherche auxquels on prodigue un programme de formation appelé « atelier de développement de carrière ». Hart (1977) l'a montré sur un échantillon de 146 cadres de recherche I.B.M. comparé à un groupe équivalent mais qui ne sera pas formé. Les premiers ayant été, comme les autres, sélectionnés sur leurs seules capacités techniques, suivent un séminaire qui procède par analyse des relations interpersonnelles dans l'exercice de la direction et par l'importance accordée à ces relations dans le choix d'adjoints ou d'autres cadres.

Le séminaire ou atelier dure trois jours et demi : un groupe de six cadres de recherche est « formé » par six cadres dirigeants, avec l'aide d'un consultant extérieur. Un rapport confidentiel est rédigé et envoyé à chacun des cadres avec des recommandations destinées à parfaire leur développement.

Les effets de ces ateliers sont appréciés d'abord par le directeur général et par les directeurs de laboratoires. Leur opinion est qu'il y a eu un changement dans le climat du laboratoire et une élévation de sa productivité. Les subordonnés des cadres estiment également que les cadres formés sont « plus efficients » que les non-formés. Lorsque l'on analyse cette différence on voit que les aspects du changement les plus modifiés concernent l'équité de traitement, l'écoute des plaintes, la reconnaissance du travail fait, la communication avec les subordonnés, bref un certain nombre d'aspects de considération. On ne peut affirmer avec certitude que la motivation des équipes ait été élevée de manière sensible, jusqu'à conduire à une activation de la productivité. Mais cela est vraisemblable étant donné la nature du travail accompli dans ces groupes plus stimulés (nous l'avons vu) par la considération que par la «structure d'initiative».

RÉSUMÉ CHAPITRE 5

La personne et la conduite du supérieur hiérarchique influent sur l'intensité et la gestion des motivations au travail.

1. On a très tôt cherché à détecter les traits qui seraient favorables au développement des motivations :

a. *les traits physiques* ne jouent que selon les valeurs et l'activité du groupe. *L'intelligence générale* est un facteur plus constamment associé au leadership efficace, mais à condition qu'elle ne soit pas trop inégale entre leader et membres du groupe.

b. En cherchant empiriquement les qualités psychologiques qui font « le bon leader » dans les groupes de travail, on a dégagé deux facteurs orthogonaux (non corrélés l'un avec l'autre)
– *la considération*, incitative dans les équipes de non-production,
– *la structure d'initiative*, incitative dans les équipes de production.

c. Des études ultérieures ont précisé, ces résultats en introduisant des notions de *pression* dans le groupe, ou stress dû à la tâche ou aux conditions habituelles de celle-ci : lorsqu'elle est élevée, la structure s'impose car elle clarifie le travail ; elle est à éviter lorsque la pression est faible, parce qu'elle est discordante.

La *taille* du groupe, de même, requiert la structure lorsqu'elle est élevée, mais celle-ci devient un obstacle dans les groupes de petite taille. La *clarté des rôles* enfin, lorsqu'elle est suffisante rend la structure non-incitative, mais c'est l'inverse lorsque les rôles sont peu clairs. Il en est de même du *degré de structuration* de la tâche.

Le *niveau d'internalité* du leader est positivement corrélé à l'efficience du groupe, alors que le *sexe* ne l'est pas.

d. La tendance à donner des *« attributions internes »* favorise, chez le leader la dépréciation du travail ou les sanctions des subordonnés, par opposition aux attributions externes.

e. Les récompenses et éloges sont d'autant plus motivants et influents sur la performance qu'ils sont décernés avec discernement aux « bonnes performances ». Il n'en est pas de même des conduites punitives : bien que provoquées par de mauvaises performances, leur distribution n'augmente pas le nombre de celles-ci.

2. Plus récemment on est passé d'une conception par traits isolés à une conception par *styles* de commandement (combinaison de niveaux de considération et de structure d'initiative), puis à un concept de *conjonc-*

ture (combinaison du degré de structuration de la tâche, du degré de pouvoir statutaire du leader, et de la qualité de ses relations avec les membres). Selon les conjonctures, une variable relationnelle, le degré de bienveillance ou d'indulgence du leader envers «les moins bons», est plus ou moins incitative à la performance : cette bienveillance est positivement corrélée à la performance dans les conjonctures moyennement favorables au leader. La corrélation devient négative soit dans les conjonctures très favorables (tâches très structurées, pouvoir fort) soit très défavorables (tâches peu structurées, pouvoir faible). Dans le premier cas l'indulgence n'est pas possible, dans le deuxième elle conduit au «laisser-faire». Cette indulgence envers les moins bons des membres est une attitude qui requiert pour bien s'établir une certaine durée des relations et une capacité de perception individualisée des membres du groupe par le leader.

NOTES

[1] Le L.B.D.Q. a été traduit en français à l'Université de Paris-X Nanterre, validé, et a servi à de nombreuses recherches.
[2] Sur cette méthode voir ci-dessus p. 40.

Chapitre 6
Participation et efficience

Le terme *participation*, l'adjectif *participatif* désignent ou décrivent des conduites incluses dans le style de commandement mais dont la présence ou la fréquence, les thèmes, dépendent non seulement du supérieur hiérarchique mais de toute l'organisation.

Cette dépendance, à laquelle le nom de climat a peu à peu été donnée, a d'abord été mise en évidence par la corrélation de mesures concernant le leadership à différents niveaux de la hiérarchie d'entreprises industrielles. C'est ainsi que, dès 1957, Fleishman, Harris et Burt, travaillant à l'International Harvester (usines de fabrication de camions) ont montré l'existence d'une sorte de réaction en chaîne ou processus d'influence descendant des chefs de départements jusqu'aux contremaîtres. Les instruments utilisés dérivent tous du L.B.D.Q. décrit au chapitre précédent. Mais, tout en gardant les mêmes items, ses versions concernent tantôt une *description* du supérieur tel qu'il est perçu, tantôt une *définition du supérieur idéal*, ou encore une *description de la conduite attendue* par le supérieur du contremaître qui répond.

Les résultats montrent d'abord une certaine cohérence des estimations des mêmes supérieurs hiérarchiques par les contremaîtres qui leurs sont subordonnés quant à l'image qu'ils ont d'eux et, à un niveau inférieur, des mêmes contremaîtres par leurs ouvriers. Ces descriptions ne sont donc pas aléatoires.

D'autre part les variations de climat sont attestés par les corrélations inter-niveaux du haut en bas de la hiérarchie (des «surintendants» jusqu'aux ouvriers) : les contremaîtres qui opèrent dans un climat élevé en considération (d'après l'idéal qu'en ont leurs supérieurs) ont tendance à avoir un score d'attitude vis-à-vis du commandement significativement plus élevé en considération que celui des autres contremaîtres, et ceci est corroboré par leur *conduite* telle qu'elle est décrite par les ouvriers de leurs groupes. La même réaction en chaîne est observée à propos de la structure d'initiative : «Les contremaîtres placés sous la direction de chefs qui planifient beaucoup, insistent sur les délais, adhèrent aux procédures officielles ont tendance à avoir des attitudes semblables envers leurs ouvriers».

Or, il y a dans les traits factoriels découverts par Fleishman et ses collaborateurs des aspects qui sont ouvertement participatifs, tels que : «met en œuvre les suggestions faites par les subordonnés» ou, à l'inverse : «insiste pour que tout soit fait à sa manière». Mais ces aspects sont seulement des corollaires d'une attitude générale envers les subordonnés.

Il faudra attendre la décennie suivante pour que la participation soit formulée comme un principe général susceptible d'applications multiples à la suite desquelles l'activation de certaines motivations aboutit chez les subordonnés à une efficience accrue. Ce principe est appelé par Mac Gregor (1960) «théorie Y». Il s'oppose à la théorie implicite traditionnelle du management («théorie X») selon laquelle

a. l'individu a une aversion innée pour le travail et fait tout pour l'éviter;

b. conséquence : il faut user envers lui d'un contrôle autoritaire et de menaces ou applications de sanctions;

c. d'ailleurs l'individu lui-même préfère être dirigé et désire éviter les responsabilités.

A l'inverse de ces principes Mac Gregor recommande une direction participative qu'il estime être en accord avec l'évolution sociale (notamment la crise de l'autorité) et les résultats des sciences humaines (la théorie hiérarchique des besoins). Cette direction repose sur une vision nouvelle de l'homme au travail, celle de la théorie Y :

a. La dépense d'effort physique et mental dans le travail est aussi naturelle que le jeu et le repos.

b. L'homme peut se diriger et se contrôler lui-même lorsqu'il œuvre pour des objectifs envers lesquels il se sent responsable.

c. Les responsabilités satisfont les besoins de réalisation de soi.

d. L'individu apprend, dans des conditions concertées, non seulement à accepter mais à rechercher des responsabilités.

e. Les ressources élevées d'imagination et de créativité pour résoudre les problèmes organisationnels sont largement répandues, etc. Ces principes conduisent à «l'intégration des buts individuels et organisationnels». Autrement dit, faire des travailleurs des êtres plus responsables c'est leur concéder un «résultat» doué d'une haute valence et cette concession va dans le sens des buts organisationnels qui, entre autres, consistent en une efficience accrue : «travailler ensemble au succès de l'entreprise pour que tout le monde puisse partager les bénéfices».

La participation donne lieu, chez Mac Gregor a une taxonomie en cinq niveaux qui préfigure celle de Vroom et Yetton (1973) (exposée plus loin), mais avec un schématisme excluant, par exemple le type et la qualité requise des décisions, bien que l'auteur y fasse allusion : le degré de participation à adopter dépend du problème, des expériences antérieures connues par le groupe de travail, du «métier du directeur» c'est-à-dire de son expérience de la fonction. Quoiqu'il en soit, ces degrés sont les suivants, par ordre :

1. Informer les subordonnés d'une décision déjà prise, en exposant ses motifs et ouvrant une discussion.

2. Déléguer des moyens pour la réaliser, selon des méthodes optionnelles.

3. Discuter avec les subordonnés avant toute prise de décision.

4. Discuter avec les subordonnés et examiner les différentes alternatives.

5. Discussion ouverte.

Les bases empiriques qui ont inspiré le modèle sont évoqués assez sommairement : «il y a maintenant de nombreux cas où la participation a été utilisée avec succès» et, plus haut, l'auteur évoque le plan Scanlon, «conforme à la théorie Y «ayant conduit à de multiples expériences industrielles» et dont les idées ont été reprises au M.I.T. (Massachussets Institut of Technology). Bien qu'elle soit encore souvent évoquée dans la formation psychologique des cadres, la théorie Y (comme du reste la théorie X) ne repose guère sur des études de terrain ou autres, et donne l'impression d'un manichéisme du commandement dont on ne constate pas les aboutissements.

Un préliminaire à toute décision à prendre dans les organisations, en vue d'un management psychologique de celles-ci a été très justement défini, en France, par P. Goguelin (1990). Il s'agit d'une observation faite en amont sur la nature du problème en question. Un état de fait non-satisfaisant, lorsqu'il est constaté, n'est pas le problème, mais un symptôme sur lequel il faut s'informer. Goguelin remarque à ce propos la rigidité des personnes qui, avant toute analyse, ont vis-à-vis du symptôme une attitude rétrospective, extrapolative ou perspective. Il énumère ensuite les outils dont dispose le psychologue pour mettre à jour les difficultés propres à l'organisation (entretiens individuels ou de groupes horizontaux, transversaux — tous les individus balisant un circuit fonctionnel — ou enfin verticaux; réunions-discussions. Les objectifs de ces dernières peuvent être d'examiner le problème, informer ou former, obtenir l'adhésion de tel ou tel, concilier les opinions divergentes. Tout ceci, éclaire et précise les étapes 3 à 5 définies par Mac Grégor.

LE MODÈLE NORMATIF DE VROOM ET YETTON

Une force de conviction toute autre émane du modèle normatif de Vroom et Yetton (1973) appuyé sur des études de terrain antérieures et accompagné de plusieurs recherches par questionnaire faites dans des milieux de travail.

A vrai dire le modèle se présente comme un système complet et complexe des différents niveaux de participation et des attributs de problèmes à propos desquels des décisions doivent être prises. C'est ce couplage qui en fait l'importance : d'abord parce qu'il met fin aux propositions volontaristes du type «théorie Y» et ensuite parce qu'il rejette comme dépassée toute conception du leadership ne reposant que sur des caractéristiques individuelles, fut-ce celles des styles. D'une revue de très nombreuses recherches empiriques, Vroom et Yetton tirent l'estimation suivante qui sera corroborée par leurs propres recherches : la part de variance des décisions prises par le leader attribuable à des tendances individuelles ne serait que de 10 %, tandis que 30 % de cette variance sont attribuables aux caractéristiques des situations et 60 % à l'interaction des deux.

Enfin le modèle est présenté comme une contribution à la méthode de prise de décisions mettant fin à ou du moins diminuant les effets de démotivation des subordonnés (avec leurs conséquences) qui résultent d'actes de commandement effectués sans qu'il soit tenu compte des circonstances *techniques* et *sociales* des cas concrets.

La méthode proposée est un ensemble de cinq types de conduites que l'on peut adopter à propos de problèmes de groupe ou individuels lorsque l'on dirige une équipe de subordonnés. Nous donnons ces types tels qu'ils sont décrits pour des problèmes de groupe, leur adaptation aux problèmes individuels étant très aisée. Ils sont énoncés dans un ordre croissant de participation.

Les deux premières conduites sont *autocratiques* :

AI Résoudre le problème soi-même en utilisant l'information dont on dispose à ce moment.

AII Obtenir des subordonnés l'information nécessaire puis décider soi-même de la solution. On peut éventuellement informer les subordonnés du problème dont il s'agit.

Les deux conduites suivantes sont *consultatives* :

CI Partager le problème, mais individuellement, avec les subordonnés, recueillir leurs idées et suggestions, puis prendre la décision soi-même en s'inspirant ou non de leur influence.

CII Même conduite, mais en réunissant les subordonnés en groupe.

La dernière conduite est groupale et correspond, dans les problèmes individuels, à la délégation de pouvoir.

GII Partager le problème avec les subordonnés en groupe. Ensemble faire apparaître les alternatives et parvenir à un consensus sur une solution. Ne pas essayer de faire prévaloir sa solution.

Ces conduites peuvent être adoptées dans des décisions d'une grande variété, mais la recension des cas montre qu'elles ne sont pas suivies de succès si l'on ne tient compte des attributs des problèmes, au nombre de huit :

A. L'importance de la qualité de la décision. Certaines décisions concernent des problèmes qui ont plusieurs solutions équivalentes ou sont sans importance. D'autres engagent de nombreuses conséquences ou des conséquences vitales pour l'entreprise : fixation des prix de production, politique de publicité, etc.

B. La mesure dans laquelle le leader possède l'information ou la compétence suffisante pour prendre seul une décision de qualité.

C. La mesure dans laquelle les subordonnés ont cette information.

D. La mesure dans laquelle le problème est « structuré ». Les règlements des compagnies, leurs procédures laissent parfois peu de place à la compétition entre plusieurs solutions, dès que l'information est recueillie.

E. La mesure dans laquelle l'acceptation ou l'attachement des subordonnés est décisif pour la réalisation de la solution (par exemple si elle requiert des initiatives de ceux-ci ou bien si des détails sont hors de portée des punitions ou de la maîtrise du leader).

F. La probabilité escomptée de voir la décision autocratique acceptée par les subordonnés (soit parce que la sanction proposée paraît bien conçue, soit parce qu'elle relève du rôle légitime du leader).

G. La mesure dans laquelle les subordonnés sont motivés pour atteindre les buts impliqués par le problème posé. Il n'en est pas toujours ainsi en matière de salaires ou de normes de production (où les buts de l'organisation peuvent être différents de ceux des subordonnés).

H. La mesure dans laquelle les subordonnés peuvent être, entre eux, en désaccord sur la solution le plus adaptée au but.

Le modèle normatif s'obtient par couplage des cinq niveaux de participation et des huit attributs des problèmes. Il consiste en sept règles : exclusion, compatibilité ou obligation d'un certain niveau pour certains attributs. En fait les attributs couplés sont au moins de deux pour chaque règle. Ainsi pour la première règle, *règle d'information* : « si la qualité de la décision est importante et si le leader ne possède pas assez d'information, le niveau AI (autocratique) est exclu ». Dans la dernière règle, *règle de priorité de l'acceptation* les attributs pris en compte sont au nombre de trois : « si l'acceptation est cruciale et ne peut suivre d'une décision autocratique, si les subordonnés sont fiables, les niveaux AI, AII, CI, CII sont exclus ».

On voit que certaines règles prescrivent l'exclusion de plusieurs niveaux de participation : les niveaux restants sont donc utilisables, mais le choix entre eux peut se faire en considérant d'autres impératifs comme le temps disponible pour telle ou telle prise de décision. On appelle ces niveaux « partis prenables » ou champ de faisabilité (feasible set).

L'application de la méthode est facilitée par la construction d'un arbre de décision (Vroom et Yetton, p. 39) qu'il faut parcourir dans le sens où les attributs des problèmes sont énoncés ci-dessus. Chaque nœud de l'arbre auquel on parvient en résolvant une alternative conduit à l'alternative suivante, etc. jusqu'à ce que, le problème ayant été complètement défini, les solutions ou partis prenables se précisent jusqu'à offrir la (ou les) meilleures prescriptions.

A l'appui de ce modèle Vroom et Yetton présentent un certain nombre d'études de terrain, faites sur des échantillons de cadres auxquels on présente des questionnaires. La première est destinée simplement à obtenir une métrique des cinq niveaux de participation en partant des fréquences avec lesquelles ils sont adoptés par près de 400 cadres appartenant à 100 firmes différentes. Cette métrique s'appuie sur la méthode de Coombs et aboutit à préciser les intervalles entre les niveaux. En admettant que le niveau AI (autocratique) = 0 et que le niveau G (groupal) = 10, on constate que la valeur d'échelle de AII est très proche du zéro (.625), tandis que celle de CI s'en éloigne beaucoup (5.0). Ces valeurs d'échelle serviront dans les études suivantes, destinées à tester le modèle par des enquêtes. Celles-ci sont de deux types : dans les unes les problèmes soumis aux cadres sont choisis *par chacun d'eux* (et décrits) parmi ceux qu'ils ont eu à résoudre. Après quoi chaque cadre désigne les attributs qui s'appliquent à son problème et la solution qu'il a choisie. On calcule alors les corrélations entre chaque attribut et le niveau de participation de cette solution. Elles vont, en général, dans le sens prévu par le modèle. Une des plus élevées concerne l'information possédée par le leader : plus elle est grande, plus la décision est autocratique. De même, plus les subordonnés ont d'information additionnelle, plus la décision est participative. L'importance de l'acceptation est positivement corrélée avec le niveau de participation, et l'adoption antérieure d'une décision autocratique est corrélée négativement avec cette participation. Mais la qualité de la décision ne l'est que faiblement quoique positivement, ainsi que le degré de fiabilité des subordonnés.

En somme les résultats de ces études sur des problèmes *choisis* montrent que le modèle est conforté par les *représentations* que les cadres se font de leurs décisions et des attributs des problèmes qu'ils ont eus à résoudre.

L'étude suivante est entreprise pour éviter les biais incontrôlés qui ont pu s'introduire lorsque la méthode repose sur un choix des problèmes par les sujets eux-mêmes. Ici les problèmes sont construits d'après les huit attributs. Mais du lot initial de 42 problèmes on en obtient un, plus restreint, après avoir fait détecter les ambiguïtés de leurs énoncés par des étudiants spécialisés en sciences administratives. On a donc ainsi des séries de 30 problèmes standardisés qui sont soumis a huit échantillons de cadres moyens, supérieurs ou dirigeants. Chacun d'eux, après avoir pris connaissance du problème décrit, doit indiquer le type de conduite qu'il adopterait en l'occurrence. Des données obtenues sur plus de 550 cadres, traitées par analyse de variance, il ressort que les problèmes comme les sujets ont des effets très significatifs sur le choix des niveaux de participation. Mais les premiers rendent compte de 27 % de la variance, et les seconds de 7 % et ces proportions sont peu différentes entre les sous-échantillons. Comparés aux résultats de l'enquête sur des problèmes non-standardisé, la présente étude offre des similitudes plus nettes avec le modèle : l'attribut *qualité* de la décision et l'interaction *acceptation des buts* x *fiabilité* x *conflit* entre subordonnés y ont des effets significatifs sur les choix des conduites.

Le management participatif n'est donc pas préconisé dans le traitement de tous les problèmes. Vroom et Yetton conçoivent comme limites de son utilisation la qualité de la décision et les possibilités d'acceptation d'une décision autocratique par les subordonnés.

Il y a d'autres limites qui tiennent soit à un état de l'environnement économique de l'entreprise dans sa propre branche, soit à une récession plus générale. Quel type de management convient dans ces conjonctures négatives ? C'est ce que Kasperson (1985) a tenté d'élucider en confrontant les résultats d'une étude de simulation à des observations faites aux trois entreprises en difficulté : l'une, firme industrielle en état de banqueroute qu'il fallait rétablir pour la préparer à être vendue, l'autre, agence d'assurance ayant des difficultés de marché, la troisième une entreprise industrielle multinationale ayant de sérieuses difficultés dues à la récession économique. Dans les trois, le chercheur a été institué membre de l'entreprise et observateur participant. Ses observations ont conduit à une quasi expérience où trois groupes d'étudiants, informés de l'état et de l'évolution des trois entreprises, doivent préconiser certains types de décisions à prendre semestriellement. Les résultats de leurs choix concordent en général avec ce que les observations de terrain avaient montré : plus la performance est faible dans une entreprise plus sa structure tend à devenir formelle et autocratique ; mais ceci entraîne de l'insatisfaction ; plus, dans une période, la performance est faible, plus ceci abrège le temps passé dans la prise de décision ; plus l'incertitude de l'avenir perçu est grande, plus la structure devient formelle. Il en est de même si la production est irrégulière au cours d'une période (c'est-à-dire présente une forte variance). Dans l'ensemble les flottements de la performance s'ajoutant à l'incertitude de l'environnement économique déclenchent chez les responsables des réponses non-participatives.

LA PARTICIPATION EST-ELLE UN MOTIVATEUR ?

Le modèle complexe de Vroom et Yetton semble bien établi et fondé sur des impératifs dont les cadres de tous niveaux sont conscients. Il reste à savoir quels sont les effets de la participation sur les subordonnés et notamment, si celle-ci est vraiment un motivateur, quels en sont les indices objectifs au niveau de l'efficience.

La-dessus nous avons des preuves empiriques bien antérieurs à la construction du modèle et qui l'ont visiblement inspiré. La plus connue mais aussi la plus claire est celle de Coch et French (1948). Elle correspond au choix du niveau groupal, le plus élevé de participation, choix justifié par les attributs du problème. Il s'agit d'une *expérience* de terrain, avec manipulation, dans un groupe, de la variable participation et comparaison des résultats d'efficience obtenus à ceux d'un groupe de contrôle non-participatif. L'entreprise fabrique du linge de corps et 600 ouvriers y travaillent, en grande majorité des femmes, d'origine rurale, à niveau d'instruction primaire (ces points ont leur importance). Des modes opératoires et des normes de production nouveaux y sont rendus périodiquement nécessaires par l'évolution des vogues, des goûts de la clientèle et de la concurrence sur le marché. Or les ouvrières résistent à ces changements parce qu'ils font baisser leur productivité pendant de nombreuses semaines et par suite leur paye, effacent les différences entre celles qui sont très qualifiées et les nouvelles, etc. Le système de rémunération combine un salaire fixe (augmenté après six mois de service) correspondant à une norme de production, et des primes si cette norme est dépassée. Outre cela les opératrices sont mutées dans les ateliers de nouveauté, une à une et jamais en groupe, ce qui brise les liens sociaux déjà établis. En somme la résistance au changement est une combinaison de frustrations individuelles, en grande partie monétaires mais aussi «capacitaires» et de réactions de groupe.

Deux conditions de participation sont introduites après une réunion générale de deux groupes distincts, au cours desquelles la nécessité du changement est annoncée et expliquée. Mais dans l'un des groupes, des délégués sont élus en vue d'élaborer des mesures à prendre et former le reste des opérateurs. Dans l'autre groupe tous les opérateurs participent à ces mesures, ou présentent au moins des suggestions. Ils deviennent tous des opérateurs à «entraînement spécial». Les ateliers de contrôle, en revanche, après une réunion du même type se voient simplement annoncer la norme à atteindre, sans autre droit que de poser des questions. C'est, à peu près, un groupe qui subit une décision autocratique. Les résultats en efficience, observés pendant plus d'un mois après l'introduction du changement, sont les suivants : le groupe de contrôle demeure constamment au-dessous de la norme de 60 unités horaires atteinte et dépassée lors de la phase précédente. On y constate une restriction délibérée du rendement et des expressions agressives envers les contremaîtres, la direction et l'ingénieur chargé des méthodes. En revanche, dans les deux groupes participatifs, la norme des 60 unités est atteinte au quinzième jour dans la condition de participation par délégation et au sixième jour dans la condition de participation directe. Cette norme est ensuite largement dépassée plus tôt et dans une mesure plus grande dans cette dernière condition que dans les premières.

L'interprétation de ces résultats et de l'ensemble de l'étude peut être donnée en termes empruntés à la théorie E.I.V. :

a. Avant le changement le résultat ayant le plus de valence aux yeux des ouvrières était le gain monétaire accompagné d'une expectation précise de leur performance (elles avaient atteint la norme de 60 unités horaires) et d'une instrumentalité certaine de primes si elles dépassaient cette norme. Le changement annule ces avantages et introduit la nécessité d'un réapprentissage qui, dans le groupe contrôle, est imposé autoritairement sans compensation.

b. Dans les groupes participatifs un nouveau résultat est introduit : la responsabilité de la structuration des tâches, la prise en charge des méthodes et la définition des normes (soit par délégation, soit directement). En outre ce changement se fait à la suite d'une intervention ce qui, nous l'avons vu, ajoute de la valence à la responsabilité. Ceci fait accepter la période de réapprentissage, d'autant plus qu'elle peut avoir une instrumentalité par rapport au gain monétaire : la responsabilité n'est pas seulement un gain psychologique de valorisation du poste, mais une garantie de maîtrise du progrès de la production. Il s'y ajoute aussi peut-être un résultat d'esprit de corps (*we feeling*) absent de l'organisation du groupe de contrôle.

La participation est donc un motivateur, pour autant qu'il n'y ait pas chez les travailleurs un obstacle idéologique capable d'en annuler les effets. Cet obstacle fut signalé, dès 1960, par French, Israel et As, à la suite d'une expérience de terrain effectuée en Norvège dans des conditions et avec un personnel peu différents de ceux de l'étude princeps. L'entreprise produit des chaussures dont les modèles changent en été et en hiver. Le paiement est à la pièce. A l'occasion d'un de ces changements se tiennent des discussions décisoires avec chaque groupe expérimental soit sur deux thèmes (attribution des articles au groupe et durée de l'apprentissage) soit sur quatre (outre les précédents, la division du travail et l'affectation des tâches à l'intérieur du groupe). Les équipes de contrôle ne subissent pas ce traitement. On teste d'abord par un questionnaire la prise de conscience des nouveautés introduites. Une des idées de la recherche est que seule la participation perçue est efficace sur la conduite des travailleurs. Or, entre le groupe expérimental et les groupes de contrôle, il y a bien, sur chaque thème, une perception différente à la suite du changement (bien que les donnés numériques comparées n'atteignent pas toujours un seuil de signification suffisant).

En ce qui concerne l'efficience, en revanche, il n'y a pas d'effet de la participation, qu'elle soit partielle ou bien qu'elle concerne tous les thèmes. Des interviews faites après-coup montrent que cet échec est dû à la crainte éprouvée par les ouvrières des groupes expérimentaux de voir le taux de paye des pièces baisser à l'avenir. Des questionnaires montrent en outre que l'attitude vis-à-vis de la participation n'est pas toujours positive : celle-ci est conçue par de nombreux ouvrières comme «illégitime», ce qui correspond chez celles-ci à un rejet de changement. Chez les autres certaines réponses permettent de penser que la satisfaction au travail a augmenté. Mais dans l'ensemble, l'efficience n'a pas été influencée par la participation. Ceci est, selon les auteurs, imputable à la tradition norvégienne (différente de l'américaine) selon laquelle tout changement des normes de production doit passer par les syndicats et leurs représentants. Il y a donc un préalable idéologique qui discrédite ou légitime la participation et commande son effet motivateur.

La plupart des études postérieures à la conception du modèle, étant réalisées aux États-Unis ne souffrent pas de cette limitation idéologique. Elles visent à préciser l'effet motivateur en considérant des variables modératrices. Vroom lui-même dès 1959 avait montré que des variables de personnalité telles que le besoin d'indépendance et l'autoritarisme peuvent moduler en des sens opposés l'effet motivateur de la participation. Celle-ci est conçue ici comme participation perçue et mesurée par des questions concernant l'impression qu'ont les travailleurs d'être consultés par leur supérieur, d'influer sur les décisions, de faire des suggestions, etc. L'enquête est faite sur plus de cent contremaîtres d'une entreprise d'expédition de colis. Outre cette participation perçue on mesure chez chacun d'eux l'attitude vis-à-vis de l'emploi et les variables de personnalité : le besoin d'indépendance par des items indiquant la tendance à adopter, en diverses circonstances, un comportement autonome et à en tirer satisfaction; l'autoritarisme, c'est-à-dire la tendance à croire que les inégalités sont fondées, qu'il faut obéir aux autorités, etc. (échelles empruntées à Adorno). L'efficience des contremaîtres est mesurée par dix échelles relatives chacune à un aspect de leur travail (et remplies par leur supérieur immédiat) et un autre ayant des rapports fréquents avec le sujet. Toutes ces échelles ont des qualités métrologiques éprouvées.

On subdivise l'échantillon de contremaîtres en trois sous-groupes selon l'une puis l'autre variable de personnalité et l'on calcule dans chacun d'eux la corrélation entre participation et efficience. Pour ce qui est du besoin d'indépendance cette corrélation diminue lorsqu'on passe du sous-groupe le plus au moins indépendant : r = .37, .09, .06. L'inverse est observé en ce qui concerne l'autoritarisme : r = -.08, .28, .28. La participation est donc d'autant plus incitative que les contremaîtres ont un besoin d'indépendance élevé et un autoritarisme faible. Mais dans l'ensemble de ce groupe cette relation demeure positive et significative.

Par la suite des variables individuelles autre que de personnalité ont servi de modérateurs. Latham et Yukl (1976) signalent que, de manière constante, le niveau d'instruction et la difficulté des objectifs en jeu sont en interaction avec l'effet motivateur de la participation : cet effet est atténué ou annulé chez les travailleurs plus instruits comparés aux moins instruits, il est augmenté lorsque les buts proposés sont relativement difficiles à atteindre. Mais, dans leur étude de 1976, ces auteurs paraissent avoir mis à jour un processus cognitif qui jouerait quelque soit la méthode de présentation d'une décision, participative ou non : la simple fixation de but (goal setting) serait un élément motivateur par comparaison avec un but non-spécifié. L'étude se situe dans le secrétariat d'un service social et concerne 41 dactylos dont la moitié est soumise à la condition participative : chacune d'elles établit chaque semaine avec son supérieur hiérarchique une norme de production dont elle discute avec lui la faisabilité. L'autre moitié se voit simplement énoncer cette norme sans discussion. Les productions de chaque groupe avant l'expérience servent de mesures témoins et les mesures suivantes sont effectuées par des représentants élus de chaque groupe. Elles sont très précises (nombre de lignes tapées dans la semaine pondéré par les heures de présence et la difficulté des textes) et pratiquées cinq et dix semaines après le début de l'étude. L'analyse de variance montre que la production a augmenté significativement au cours des trois périodes, mais autant dans la condition participative que dans celle de norme assignée. Un groupe de contrôle, travaillant dans un autre service ne reçoit aucune norme mais l'instruction de «faire de son mieux». Il s'avère qu'il est constamment moins productif que les deux autres groupes. Des variables modératrices (niveau d'instruction, estime de soi, besoin de réussite et d'indépendance) n'ont pas d'effet significatif. Enfin, d'après les données d'un questionnaire, la participation instaurée dans l'un des groupes a été pleinement perçue par lui comparativement aux autres.

Ce qui ressort nettement de cette étude c'est l'effet de la fixation de but, qu'elle ait été participative ou non. L'absence d'effet de la participation est interprétée comme l'insuffisance de la procédure à créer chez les employés une identification suffisante à l'organisation.

De toute manière cette étude est loin de répondre aux exigences conceptuelles d'une application de la participation avec une connaissance suffisante des attributs du problème et la fixation de but semble recouvrir l'ensemble des différences observés.

Plus récemment Ivancevich (1982) s'est intéressé à l'impact de différentes formes d'entretiens d'appréciation entre cadres et employés. La plus incitative de ces formes est celle qui comprend non seulement une évaluation de ce qu'a fait l'employé (feed-back), mais une telle évaluation avec fixation de but. Ce résultat est obtenu en comparant les réactions des employés enregistrées par questionnaires à des entretiens de chefs d'équipes formés pour donner un simple feed-back ou bien un feed-back accompagné d'un but fixé, ou encore une simple fixation de but. Il en ressort que l'impact des entretiens est plus positif, surtout pour l'équité et la précision, lorsque l'entretien à revêtu les deux aspects.

Très proche du modèle est l'étude de Paul et Ebadi (1989) qui a utilisé l'arbre de décision de Vroom et Yetton et les 30 problèmes standardisés décrits ci-dessus (p. 103), proposés à 36 cadres d'une société de vente au détail, dirigeant chacun un département. Rappelons que la technique des problèmes ne mesure pas un score de leadership mais un score de conformité d'usage de la participation selon les attributs des problèmes, c'est-à-dire de décisions comprises dans le champ de faisabilité étant donné ces attributs. Dans ces départements, plus de 200 vendeurs, tirés au hasard, sont observés pendant de nombreuses périodes, en nombre égal pour chacun d'eux, mais déterminées par échantillonnage aléatoire. Sont comptées comme activités productives la vente proprement dite, le stockage et des opérations diverses. On pondère leur durée totale par les portions de temps morts ou d'absence du poste. On a ainsi des scores individuels de productivité ou plutôt d'efficience. On obtient par ailleurs les cinq mesures de satisfaction des échelles du J.D.I. Si l'on scinde l'échantillon des cadres en deux moitiés de part et d'autre de la médiane des scores de participation on obtient deux sous-groupes de vendeurs placés sous la direction de cadres plus ou moins participants. La comparaison des moyennes d'efficience de ces sous-groupes est très significativement en faveur des subordonnés des cadres plus participatifs par rapport aux autres. Les échelles de satisfaction accusent des différences allant dans le même sens seulement en ce qui concerne le commandement, à un moindre degré la tâche et non le salaire, les promotions ou les collègues. Dans l'ensemble cette étude conforte l'idée que la participation telle qu'elle a été définie par Vroom et Yetton assure un commandement incitatif (même dans l'activité de vendeur qui dépend en partie d'une interaction avec des clients et non simplement de l'effort plus ou moins soutenu du travailleur lui-même). Ce commandement paraît en outre plus satisfaisant aux subordonnés que le commandement moins participatif et rend la tâche dans l'ensemble plus satisfaisante.

Rôle de la complexité des postes et des tâches

Dans certains cas une participation *partielle*, sur un aspect limité de gestion peut être efficace et ceci d'autant plus que l'emploi est difficile. C'est ce qu'à montré Orpen (1992) sur 136 employés d'une usine importante en Australie. Les sujets constituent un échantillon très hiérarchisé allant de l'ouvrier semi-qualifié au cadre supérieur. La participation perçue, mesurée par une échelle, est destinée à témoigner du degré d'influence et d'implication qu'ils éprouvent dans le traitement du budget de leur département. Elle est remplie par eux-mêmes ainsi qu'une échelle de difficulté de l'emploi déjà connue, et quelques items du Job Diagnostic Survey de Hackman et Oldham (1975). C'est leur supérieur hiérarchique qui évalue leur efficience en les comparant aux autres travailleurs de la même équipe. On utilise la régression multiple pour prédire les différences de motivation (selon le J.D.S.) et de performance (selon les supérieurs) à partir du sentiment de participation à la gestion du budget. Elles sont toutes deux positives et augmentent significativement lorsqu'on tient compte de la difficulté des emplois. Ainsi la participation perçue est plus incitative en haut de l'échelle (par exemple dans le cas des cadres de marketing) que dans celui d'ouvriers travaillant à la chaîne. Il y a dans ce résultat une ambiguïté concernant l'interaction de la participation avec les emplois occupés : si celle-ci est plus stimulante chez les cadres que chez les ouvriers cela peut tenir à la nature de leurs tâches professionnelles respectives mais aussi à des variables psycho-sociales qui vont de pair avec l'élévation des postes mais n'ont pas un rapport direct avec les postes eux-mêmes : accoutumance à l'analyse économique, intérêt pour les variables générales qui commandent la vie de l'entreprise, etc. Du reste, la tâche soumise à participation est distincte des occupations habituelles des ouvriers.

Cet effet modérateur de la difficulté des tâches a été souligné à nouveau mais sous une autre forme par Campbell et Gingrich (1986) : leur étude ne procède pas à une comparaison entre postes simples et complexes, mais entre tâches plus ou moins complexes proposées *aux titulaires des mêmes postes*. La participation est ici un facteur introduit pour résoudre des problèmes techniques et elle est présentée par les auteurs comme un facteur cognitif de facilitation, facteur qu'ils considèrent comme sous-estimé en général dans ce genre d'études au profit de variables de motivation.

Les sujets de cette expérimentation de terrain sont des programmeurs ayant en moyenne quatre ans d'ancienneté dans une organisation de service informatique. Ils ne savent pas qu'ils vont être soumis à une recherche mais sont affectés au hasard :

a. soit à la condition *participative* : ils reçoivent, parmi les tâches à faire, la construction d'un programme dont on leur fournit la documentation. Le lendemain ils examinent avec leur supérieur hiérarchique les particularités du problèmes d'après une méthode standardisée et fixent ensemble le délai d'exécution. Le programme à construire est, selon les sujets, d'une difficulté plus ou moins grande, d'après cette méthode.

b. Dans la condition *d'assignation*, d'autres programmeurs reçoivent de leur supérieur, le même jour, la documentation et le délai d'exécution, sans autre commentaire. Dans cette condition également, les programmes fournis sont d'inégale difficulté, calculée selon le même critère que ci-dessus.

La variable dépendante est, pour tous les sujets, le rapport temps employé pour la résolution du problème/temps estimé d'après l'analyse et communiqué aux exécutants soit à la suite d'une discussion, soit sans commentaire.

Un questionnaire post-expérimental montre que la perception des problèmes comme simples ou complexes a été très significativement fidèle à ce qu'ils étaient d'après l'analyse standardisée et que, d'autre part, la dichotomie n'est pas influencée par les conditions de participation. On s'assure aussi par d'autres items que ces conditions ont bien été perçues comme différentes.

La mesure de *la performance* par le rapport des heures employées sur les heures calculées accuse une interaction très significative entre complexité des tâches et conditions de participation ou d'assignation des buts. Ce sont les programmes complexes résolus dans la condition participative qui rendent compte de cette interaction. Les tâches simples ne subissent pas de manière significative, l'influence de la participation.

Les auteurs en concluent que les buts établis dans une condition et dans l'autre ne diffèrent pas seulement par la modalité affective de cet établissement, mais par une modalité cognitive : *la compréhension* de la tâche est favorisée et détaillée dans la discussion participative alors qu'elle ne progresse pas dans l'assignation pure et simple du but. Nous

nous devons d'ajouter que ce sont les conditions expérimentales qui ont ici entraîné cette opposition et qu'elles ont une portée pédagogique et normative dans l'usage de l'établissement des buts : c'est par l'analyse des particularités et des difficultés que la participation fait progresser dans les tâches complexes alors que de simples encouragements et un soutien du supérieur hiérarchique suffisent pour les tâches relativement simples, comme dans d'autres études sur l'établissement de buts.

Par d'autres voies et en utilisant d'autres instruments que ceux-ci, Keller (1978) a montré qu'un management «organique» était plus incitatif qu'un management «mécaniste» dans des usines utilisant les techniques de processus continus : chimie, production de peinture, de papier, raffineries de pétrole, etc. L'étude porte sur 44 usines implantées en Pennsylvanie utilisant ces techniques, dont la taille médiane était de 176 employés. Un questionnaire concernant son propre système de management est donné à chaque directeur et à deux de ses subordonnés immédiats (les résultats montreront un degré d'accord très significatif entre leurs réponses). Le questionnaire, après analyse factorielle, révèle, après rotation, la présence de trois facteurs intitulés, par ordre décroissant de leur importance : Hiérarchie impersonnelle, Prise de décision en groupe, Prise de décision fixée par des règles. Une échelle composite est créée en scorant inversement les items du premier et du troisième facteur. Elle est intitulée «Système de management organique». La performance globale des usines est mesurée de deux manières : objectivement par la contribution de chacune d'elles aux profits de la Société au cours des cinq dernières années; subjectivement par un questionnaire soumis au Président Directeur général de chacune d'elles. Il s'avère que les deux mesures sont en corrélation positive et significative. Enfin, on cherche les corrélations entre les performances des usines et les réponses au questionnaire de leur équipe de direction. Elles sont les suivantes :

Corrélations entre performance et :

Système organique	.60 xxx
Hiérarchie impersonnelle	-.54 xxx
Décision en groupe	.19
Décision suivant des règles	-.33 x

On voit que la performance de l'ensemble des usines est très significativement associée à une direction s'inspirant du système organique c'est-à-dire contraire à la hiérarchie impersonnelle et à des prises de décision fixées par des règles. Il faut cependant ajouter, avec l'auteur, que cette relation n'est vraie que pour le type d'industries examinées, utilisant des processus continus et, de ce fait, requérant un processus d'information complexe et l'emploi d'un personnel hautement formé à des techniques développées.

Cette réserve est à faire pour le principe, mais sa mise en application n'est pas aisée : elle supposerait non l'utilisation de l'instrument de Vroom et Yetton (l'arbre de décision standardisé) mais le questionnaire de Keller auprès de cadres supérieurs d'industries ou d'entreprises n'utilisant pas les techniques de processus continus.

RÉSUMÉ DU CHAPITRE 6

a. La participation aux décisions des subordonnés a d'abord été considérée comme une facette de la conduite des supérieurs hiérarchiques faisant partie de la considération, mais communiquée du haut en bas des échelons et perceptible par les ouvriers.

b. Puis elle a été analysée en une série de degrés, tout en étant considérée comme bonne en soi, conforme «à la nature humaine» ne pouvant avoir que des effets bénéfiques (la théorie Y de Mc Gregor).

c. Enfin, dans le modèle normatif de Vroom et Yetton on a non seulement défini *cinq niveaux de conduites* allant de l'autocratique, à la conduite consultative, individuelle ou en groupe, et enfin à la prise de décision groupale, mais on a aussi couplé ces niveaux avec *huit attributs des problèmes* susceptibles de se poser. Ces attributs concernent la qualité et l'importance de la décision, la possession de l'information nécessaire (par le leader ou les subordonnés), le niveau de structuration du problème (selon des règlements, des procédures en vigueur), l'importance de l'acceptation d'une solution par les subordonnés, leur degré d'attachement au but poursuivi, leur degré de désaccord entre eux.

d. Ce couplage des niveaux de conduite participative et des attributs des problèmes aboutit à la définition de règles prescrivant certains niveaux et en exlcuant d'autres, c'est-à-dire définissant le champ de faisabilité des conduites selon les problèmes. La validation de l'existence empirique de ces règles a été établie par des enquêtes faites sur des cadres, soit sur des problèmes choisis par eux, soit sur des problèmes construits et qui leur sont proposés.

Ainsi la participation a cessé d'être un précepte vague pour devenir une règle à plusieurs degrés dont chacun est souhaitable en fonction des données situationnelles dans lesquelles la décision doit être prise.

e. La participation est un motivateur ajoutant en gain monétaire un *gain psychologique* et son effet est sensible sur la performance. Mais cet effet peut être contrecarré par des influences idéologiques (lorsque la participation est déconsidérée par les syndicats) ou personnalitaires (lorsqu'elle se heurte à l'autoritarisme ou à un faible besoins d'indépendance de certains travailleurs). La fixation des buts individuels de production (goal setting) est une forme élémentaire de participation qui a son impact sur la performance lorsqu'elle est délivrée «avec équité» par les supérieurs.

Chapitre 7
Rémunération et efficience :
l'apport des enquêtes de terrain

Bien avant les psychologues, les économistes ont observé et théorisé la relation entre rémunération et performance de travail, et ils continuent de le faire. Une synthèse de la pensée économique dans ce domaine est donc nécessaire comme introduction à ce chapitre, d'autant plus qu'elle aboutit à montrer la nécessité d'y introduire la psychologie et en particulier celle de la motivation. Une des synthèses les plus complètes est celle de Brown et Nolan (1988).

Les recherches en «relations industrielles», disent-ils, sont censées s'occuper essentiellement des conflits entre management et travailleurs. Mais ce qui leur est sous-jacent c'est la possibilité d'introduire au sein de cette relation une politique des rémunérations susceptible d'élever la production dans les entreprises. Les théories économiques permettent-elles de le faire?

La tradition classique (A. Smith, Ricardo, Marx) part de l'idée d'un «prix naturel du travail» dépendant avant tout de celui de la subsistance du travailleur, tandis que les théories modernes considèrent avant tout la *notion de marché du travail*. La subsistance, en effet, est réglée par des institutions stables dominées par la division du travail. Chez Marx l'accent est mis sur ces institutions, considérées comme prévalant sur les facteurs techniques dans cette division. Enfin dans le marginalisme moderne l'accent se déplace des relations entre groupes sociaux vers des choix individuels sur le marché. Le travail est recherché et entrepris pour avoir un salaire et, grâce à lui, des biens et services achetés. Demander ou accepter une formation n'est que rechercher un moyen d'élever son salaire et ses avantages d'échange sur le marché du travail. Dans cette optique la production dépend seulement de moyens techniques. Mais cette exclusion des facteurs «sociaux» fut vite contestée par la nouvelle économie institutionnelle dont Williamson fut le promoteur.

Le caractère distinctif de la transaction de travail, selon cette approche, est le suivant : contrairement à celui des machines, le marché de l'emploi est ouvert d'une manière spécifique à l'homme; pour être rentable, l'ouvrier embauché doit être *motivé*. Les employeurs ou les Etats (pour la fonction publique) en sont conscients. Ils consacrent un effort constant pour recruter le personnel en grande partie sur la base de sa motivation, ou pour ménager un contexte institutionnel où des incitations soient créées, sans insistance, à travailler avec soin, docilité, vigueur, etc.

Les théoriciens de l'économie prennent rarement en compte cet aspect «volontaire» de la transaction de travail. Et, par ailleurs, les théoriciens du management ne considèrent que la malléabilité de la productivité sans prendre garde à l'importance du marché et de ses fluctuations.

Brown et Nolan s'attachent ensuite à mettre à jour les difficultés d'analyse des relations industrielles concernant les salaires. On note avant tout une large dispersion des salaires payés à des individus faisant le même travail, ou relevant du même marché, mais appartenant à des firmes différentes. D'autre part, des études de cas sur la relation salaire/productivité montrent que les stimulants monétaires ont un effet incitatif temporaire, mais qu'ils entraînent, par ailleurs, des sentiments d'injustice, des plaintes, voire de l'obstruction. Le marché du travail est une explication qui doit s'adjoindre l'étude de la coutume, l'historique des marchandages et négociations, notamment syndicaux. Il y a un aspect normatif dans les relations industrielles dont l'économie ne peut se passer.

Il n'y a donc pas de rapport nécessaire entre salaires et productivité au niveau local, mais une loi tendancielle au niveau national dans un marché libre du travail. Cette absence d'automaticité montre l'importance du management pour obtenir la bonne volonté des employés, pour les motiver dans un monde où les techniques changent souvent.

LES APPORTS DE LA PSYCHOLOGIE À L'ÉTUDE DE LA RELATION RÉMUNÉRATION/PERFORMANCE

Par comparaison à d'autres facettes de l'emploi, la rémunération n'a donné lieu qu'à de très rares interventions expérimentales sur le terrain, bien que, vers la décennie 1970, des programmes M.B.O. (modification du comportement organisationnel avec usage de primes variées et raisonnées) aient été lancés par des psychologues dans des entreprises. Cette rareté est compréhensible : la manipulation - au sens ou la psychologie expérimentale l'entend - de la variable monétaire est bien plus malaisée que celle de l'organisation des tâches ou du style de leadership. Elle se heurte à un donné institutionnel sur lequel veillent aussi bien la direction des entreprises que les syndicats du personnel.

L'expérimentation n'est donc tentée sur cette facette que dans des sites où elle est possible : les universités où les employés sont des étudiants percevant un petit salaire pour un travail temporaire échappant à la double surveillance dont nous venons de parler. Ces recherches de simulation sont pourtant les appuis des conceptions théoriques les plus répandues dans la recherche sur la motivation au travail rattachée à la rémunération : « l'équité » d'une part, « le renforcement » d'autre part. Nous les analyserons au chapitre suivant.

LES DONNÉES D'ENQUÊTES PSYCHO SOCIOLOGIQUES DE TERRAIN

Il s'agit d'études sur des mécanismes d'influence déjà installés dans des entreprises et que l'on se propose de mettre à jour avec précision pour comprendre la relation rémunération/performance. Comme ces études ne sont inspirées par aucun fil directeur théorique, elles abordent des aspects très divers du problème, mais cette diversité même montre la distance qui sépare les mécanismes étudiés par l'expérimentation de ce qui se passe sur le terrain infiniment complexe des entreprises.

a. Multiplicité des aspects perçus de la rémunération

La fiche de paye reçue par le travailleur n'est pas l'équivalent de la perception qu'il a de sa rémunération. Au-delà des variations individuelles innombrables que celle-ci peut avoir, il semble qu'elle est structurée en quatre dimensions déjà établies par Heneman et Schwab (1985), créateurs du P.S.Q. (Pay Satisfaction Questionnaire), plus diversifié que l'échelle Salaire du J.D.I. de P. Smith. Les dimensions sont les suivantes : le niveau du salaire, variable selon la hiérarchie ; son administration ; le système d'augmentation ; ses gains annexes (vacances payées, congés de maladie, assurances, pensions, etc.) Elles se sont révélées valides à travers des études sur plusieurs échantillons, puis ont conduit à des discordances tenant aux contextes variables (pouvoir des supérieurs hiérarchiques, taux de syndicalisation, etc.). L'enquête de Scarpello *et alii* (1988) a pour but d'explorer les effets de la classification des emplois et de la syndicalisation sur la structure factorielle du P.S.Q. C'est pourquoi elle porte sur un échantillon de plus de 200 travailleurs appartenant à quatre usines d'une même entreprise implantées dans trois Etats différents (dont la plupart payés à l'heure, les autres étant salariés imposés ou non-imposés) ; en outre une centaine d'infirmières non-syndicalisées mais imposées est comprise dans l'échantillon. Les items du P.S.Q. sont inclus dans un questionnaire plus général administré pendant les heures normales de travail. Les résultats montrent que, dans tous les sous-échantillons, se dégage une structure factorielle à trois composantes principales : le niveau, les gains annexes, l'administration. Les items concernant l'augmentation se répartissent dans ces trois facteurs, mais diversement selon les sous-échantillons. La structure demeure donc constante mais l'importance respective des facteurs varie selon la classification des emplois (payés à l'heure, salaire fixe, imposable ou non) mais non selon la syndicalisation.

Le mérite de cette étude est de montrer que l'administration d'un questionnaire conçu par des psychologues et bien standardisé permet d'obtenir un bilan clair des perceptions qu'ont les employés de leur rémunération. Certes il s'agit d'un instrument destiné à la mesure de la satisfaction, mais, par cette finalité, il explore les *attentes* (plus ou moins comblées) sur lesquelles la motivation liée au salaire va s'articuler. La clarté est loin de régner dans la perception qu'ont les employés des différents aspects de leur rémunération et de son mode de calcul par l'entreprise, si le psychologue se contente d'une observation participante même prolongée pendant 24 semaines, comme ce fut le cas dans l'étude de Millward (1972). Celui-ci s'est proposé d'étudier, « de près » et à la loupe, deux groupes de moins de 10 opératrices travaillant, dans une entreprise d'électronique, à la confection de tableaux de circuits imprimés sur plaques en vue de la construction d'ordinateurs. L'un des groupes est à plein temps, l'autre à temps partiel. Le système de rémunération comprend un salaire de base et des primes de productivité de groupe, auxquelles s'ajoutent des primes individuelles fondées sur les pièces produites. Le salaire de base varie selon l'âge, mais aussi selon le nombre de pièces produites, les primes de groupe varient selon le salaire. Dans l'ensemble, étant donné cette complexité du système, une grande majorité des opératrices n'ont qu'une idée vague des modalités de leur rémunération et surtout de la relation qu'il peut y avoir entre leur productivité et les primes qu'elles reçoivent, ou enfin de leur dépendance à l'égard du reste de l'usine. Les contremaîtres et chefs d'ateliers eux-mêmes ne connaissent pas le mode de calcul des primes par l'entreprise. Cette enquête n'est qu'un cas extrême de perception confuse par les employés de leur mode de rémunération. Mais nous en trouverons bien d'autres qui, à un degré ou un autre, permettent au psychologue de comprendre la versatilité de l'effet des primes sur l'efficience.

D'autres études, portant sur les cadres dirigeants, montrent que leur perception de leur rémunération s'articule sur des facteurs différents de ceux auxquels se réfèrent les employés. Ainsi Platt (1987) a fait un parallèle entre le modèle économique et le modèle psychologique qui peuvent, l'un et l'autre, commander la rémunération des cadres de ce niveau. Le premier consiste à prédire que cette rémunération est simplement corrélée aux résultats financiers de la firme qui les emploie. Le second serait indépendant de ces résultats mais se formerait comme un concept dans l'esprit des cadres considérant simplement leur ancienneté dans la compagnie et leur ancienneté en tant que cadres (il n'y a pas de corrélation entre ces deux formes d'ancienneté en raison de la multiplicité des voies de promotion, comme l'enquête le confirmera).

Celle-ci porte sur cent cadres de vente dirigeants sur lesquels une statistique de productivité a été établie en 1983 concernant chaque compagnie (montant des ventes, élasticité du stock, c'est-à-dire rapport entre les retours de stock de la compagnie aux retours du marché dans son ensemble, gain par part des actionnaires, etc.).

Par ailleurs on connaît les variables de carrière de chacun des cadres qui, combinées, servent à la formation de leur concept d'une rémunération légitime (qu'ils font à l'occasion valoir auprès de leur Direction générale).

Les résultats montrent que, en 1983, la rémunération totale de ces cadres est corrélée aussi bien aux variables de productivité qu'aux variables de carrière. Le modèle économique et celui, psychologique, de la «formation de concept» sont justifiés. Mais, estime Platt il s'agit là d'un cas particulier : l'année 1983 fut aux Etats-Unis, une année de regain économique. En période de récession, en 1981, le modèle économique fut démenti : peu de compagnies eurent de bons résultats financiers et la corrélation d'ensemble avec la rémunération des cadres fut insignifiante, alors que la corrélation avec les variables de carrière était élevée. La conclusion tirée par l'auteur est, qu'en période de récession, «l'expérience» c'est-à-dire la perception qu'ils ont des composantes de leur salaire les aide à le maintenir plus ou moins quelque soient les résultats financiers de leur entreprise : ceci fait baisser la corrélation entre les deux variables.

b. Déterminants de la valence et de l'instrumentalité de la rémunération

Plus près de la théorie E.I.V. est l'enquête d'Oliver (1977) qui a visé la perception de la rémunération à travers la *valence* et *l'instrumentalité* qu'elle peut avoir, telles qu'un questionnaire peut les révéler. Outre cela Oliver a cherché à établir les déterminants biographiques (âge) ou de carrière (ancienneté, système de rémunération) de ces composantes motivationnelles. Les faits qu'il établit en utilisant la méthode d'analyse des pistes causales rejoignent ceux que l'on avait trouvés avant lui par des méthodes plus simples mais plus ambiguës : l'âge s'est constamment avéré être en relation inverse avec la valence (soit qu'on ait moins de besoins en vieillissant, soit que l'on soit plus rémunéré lorsque le niveau des postes s'élève); l'ancienneté s'est avérée, avec le système de rémunération aux pièces (par opposition au fixe), être un déterminant de l'instrumentalité.

Cependant ces déterminants de la valence ou de l'instrumentalité ne sont pas sans liens les uns avec les autres, soit d'ordre temporel (âge et niveau des postes) soit d'ordre causal (système de rémunération et satisfaction). C'est pourquoi l'analyse des pistes causales est employée ici pour lever les ambiguïtés. L'enquête porte sur près de cent agents d'assurances payés à la commission parmi lesquels un tiers, ayant plus d'ancienneté et remplissant en outre des tâches administratives, touchent un supplément fixe. Les agents récents sont salariés jusqu'à ce que le chiffre des commissions qu'ils auraient, s'ils étaient payés à la commission, excède leur salaire, ceci jusqu'à l'expiration d'un délai de trois ans. Enfin huit agents anciens ont opté pour une fraction de fixe indépendamment de tout délai. La valence et l'instrumentalité sont mesurées par des échelles (respectivement : «désir de recevoir plus de gains monétaire», «probabilité d'en avoir en produisant plus»). En outre une échelle mesure la satisfaction procurée par la rémunération.

Les résultats établis d'abord selon les corrélations simples montrent que la valence est corrélée négativement et significativement avec l'âge, avec le salaire, avec la satisfaction du salaire, et positivement avec l'ancienneté. Ces corrélations sont interprétables mais parfois ambiguës : l'argent perd-il de sa valence parce que l'âge émousse les besoins ou, parce qu'étant plus âgé, on gagne davantage ou enfin en gagne-t-il parce qu'on a de l'ancienneté ? Les coefficients b (bêta) obtenus par l'analyse des pistes causales permettent d'y voir clair : la valence n'est corrélée (négativement et significativement) qu'avec l'âge et la satisfaction attachée à la rémunération. Donc celle-ci n'affecte la valence, négativement qu'à travers la satisfaction, les autres variables (ancienneté ou montant de la rémunération) n'étant liées à la valence qu'indirectement. Plus précisément la relation négative de l'âge et de la valence signifie que l'âge, en tant que tel, fait perdre de l'importance à l'argent quelles que soient la somme que l'on touche ou l'ancienneté acquise. Par ailleurs, plus on est satisfait de sa rémunération moins l'argent a d'importance (de valence) quelles que soient l'ancienneté et le salaire.

La même analyse est menée à propos de l'instrumentalité perçue efficience/rémunération. Les corrélations simples montrent que l'âge est lié, *négativement* et significativement avec cette instrumentalité. De même pour le montant du salaire et la satisfaction qu'il procure. En revanche l'ancienneté est corrélée *positivement* et significativement avec l'instrumentalité. Est-ce à dire que l'espoir de gagner plus se perd avec l'âge, que cet espoir, en s'élevant, rend la paye insatisfaisante ou qu'enfin l'espoir de gagner plus s'élève avec l'ancienneté ? L'analyse de pistes causales éclaire ce tableau : les seuls coefficients b (bêta) significatifs sont les suivants : l'instrumentalité diminue quand l'ancienneté augmente (quelque soient l'âge et la satisfaction tirée du salaire); elle augmente en raison directe de la valence de ce salaire (quelque soient l'âge et la satisfaction). Cela s'interprète ainsi : les agents les moins anciens dans l'entreprise et ceux qui désirent le plus les augmentations de salaire sont ceux qui ont l'instrumentalité la plus élevée c'est-à-dire l'espoir de gagner plus en produisant et inversement pour les plus anciens et les moins désireux d'avoir ces augmentations. Par ailleurs, les diverses formules de rémunération n'ont d'effet propre ni sur la valence ni sur l'instrumentalité.

Concrètement ce qui demeure à travers ces analyses c'est l'érosion avec l'âge de la valence attachée à la paye; le niveau des postes et le montant du salaire n'affectent cette valence qu'à travers la satisfaction ressentie. Nous retrouvons là, à propos de la rémunération la boucle de rétro-action par laquelle la satisfaction/insatisfaction avive ou érode, respectivement, une des composantes de la motivation (la valence), tandis que l'âge l'érode irrémédiablement.

L'instrumentalité s'érode avec l'ancienneté (on ne croit plus tellement aux augmentations lorsqu'on avance dans la carrière) ; cependant elle est d'autant plus élevée que l'on tient à l'argent (l'espoir d'avoir des augmentations est directement lié à l'importance qu'on leur accorde). Toutes ces relations sont peut-être dues au fait que les agents observés sont tous plus ou moins payés à la commission (bien que certains touchent un fixe partiel). Mais les variations de formule salariale sont sans effet sur les perceptions de la valence et de l'instrumentalité peut-être parce qu'elles sont peu importantes ou transitoires.

c. L'importance de la rémunération dans la motivation des travailleurs

Variations selon les niveaux des emplois, les secteurs d'activité, les cultures

Avant d'entrer dans l'analyse des mécanismes qui commandent la relation rémunération/efficience, il est nécessaire de prendre en compte des différences d'importance de la paye parmi les autres facettes de l'emploi qui se révèlent dans des comparaisons de tous ordres. L'idée répandue dans l'opinion peu informée selon laquelle, même dans les pays développés, l'aspect financier, est le motivateur le plus puissant quelque soit l'emploi considéré, ne se vérifie jamais. Nous l'avons déjà vu en considérant les contributions des facteurs extrinsèques et intrinsèques aux variations de la satisfaction générale. Même chez les travailleurs manuels et les employés, cette contribution n'est pas la première, ni parmi les premières (voir ci-dessus p. 55). Cette contribution est un aspect de la valence qu'on peut appeler sensibilité à la facette de l'emploi qu'est la rémunération.

Avec une population de cadres supérieurs et moyens nous avons pu montrer que cette contribution à la satisfaction générale est directement et étroitement liée à l'importance, c'est-à-dire à la motivation-valence des treize facettes de l'emploi et que parmi toutes, la sécurité de l'emploi et la rémunération étaient les plus faibles. Ceci est visible — tableau 1 (Francès, 1985).

C'est là est un constat global tiré de l'observation faite dans des pays industrialisés et développés. Or on le retrouve lorsque l'on change de continent. Ainsi Johnston (1975) a utilisé en Australie occidentale une méthode très simple auprès d'échantillons très variés : chaque travailleur, après avoir rempli le J.D.I. (Job Descriptive Index) de Smith *et alii*, doivent classer par ordre *d'importance les cinq aspects* de cet inventaire.

Tableau 1 — **Contributions (saturations) des treize échelles de satisfaction des cadres moyens et supérieurs à un facteur général** (d'après Francès, 1985)

Echelles	Cadres supérieurs (N = 133)	Cadres moyens (N = 177)
Participation à l'établissement des méthodes, des procédures	.867	.807
Sentiment d'estime de votre position	.859	.846
Sentiment d'être informé	.853	.790
Sentiment de réalisation de soi	.841	.753
Indépendance de pensée et d'action	.836	.733
Occasion de participer à l'établissement des buts, des objectifs	.776	.714
Sentiment de prestige dans cette position	.762	.707
Développement et progrès personnels	.741	.619
Occasions d'apporter une aide aux collègues	.707	.626
Occasions de développer des relations	.628	.596
Autorité attachée à la position de cadre	.633	.615
Rétribution	.323	.125
Sécurité	.155	.322

Parmi les employés d'une savonnerie, les femmes classent en tête les collègues, puis (ex aequo) l'intérêt du travail et l'organisation et, en cinquième rang, le salaire. Les hommes placent en tête l'intérêt du travail et en quatrième rang le salaire. Mais cette première étude porte sur de petits échantillons (13 F et 27 H).

Dans un échantillon de près de 200 employés du bâtiment tirés au hasard parmi les 4 761 membres de leur syndicat, la rémunération vient au troisième rang, après les collègues et l'intérêt du travail. Cet ordre est le même chez les émigrés et chez les natifs. Il en est de même dans une autre enquête faite en Australie parmi les 1 300 employés des transports, membres du syndicat : mais, dans un échantillon tiré au hasard de 130 membres, l'ordre obtenu met le salaire au premier rang, puis l'intérêt du travail et les collègues. Parmi les émigrés (qui sont près de la moitié de l'échantillon total) plus instruits dans l'ensemble que les natifs, Johnston constate une perte d'importance du salaire si on les compare aux natifs. Il explique ainsi cette différence : les natifs, se sentant sur-rémunérés par rapport aux émigrés, sont dans une situation d'inequité positive et, de ce fait, surestiment l'importance de la rémunération. Il cite enfin d'autres enquêtes faites sur 300 employés de fabrication de vêtements dont la moitié sont des immigrés : le salaire vient au quatrième rang d'importance sur dix aspects. De même dans une usine de pièces détachées d'automobiles, parmi 100 hommes et femmes, il arrive au septième rang. Johnston observe que l'ensemble de ces résultats obtenus en Australie rejoint ceux que l'on a trouvés en Norvège, aux Etats-Unis ou en Grande Bretagne. Mais, dans ces deux derniers pays, certaines enquêtes ont mis en tête le salaire, soit dans des chaînes de montage de l'industrie automobile, soit dans la production chimique automatisée. Sa conclusion est que, dans les rares cas où on la constate, la primauté du salaire n'est que le corollaire d'emplois où le travail n'a intrinsèquement que peu d'intérêt : parcellaire, monotone ou automatisé.

Ainsi, une fois de plus (et dans une région très éloignée du monde occidental) l'attente principale des travailleurs d'exécution n'est pas rattachée à la rémunération aussi généralement que l'opinion courante l'imagine.

RÉSUMÉ DU CHAPITRE 7

Les théories économiques du salaire mettant en avant soit le prix de la subsistance du travailleur, soit l'existence d'un marché du travail. Elles sous-entendent que l'embauche implique la motivation, sans analyser ce processus.

1. Les enquêtes psycho-sociologiques montrent que les attentes concernant le salaire s'articulent :

a. *chez les employés* autour de trois dimensions (le niveau, les gains annexes, l'administration) dont l'importance respective varie selon qu'ils sont payés «au fixe» ou à l'heure, bien que des perceptions confuses soient fréquentes lorsqu'il existe un système de primes plus ou moins complexe.

b. *chez les cadres dirigeants* les attentes sont liées soit aux résultats financiers de la firme (modèle économique) soit aux variables de carrière, notamment l'ancienneté en tant que cadres et dans la compagnie (modèle psychologique). L'importance relative de ces composantes dépend de la conjoncture économique.

2. D'autres enquêtes recherchent les déterminants de la *valence* et de l'*instrumentalité* de la rémunération (relativement à la performance). La première est *négativement* corrélée à l'âge et à la satisfaction du salaire ; la seconde est corrélée *négativement* avec *l'ancienneté* quelque soient l'âge et la satisfaction.

3. L'importance de la rémunération dans la motivation des travailleurs est très secondaire chez les cadres supérieurs ou moyens et ne vient qu'exceptionnellement au premier rang chez les employés ou même les ouvriers (sauf les cas ou leur travail est très parcellaire, monotone automatisé). Ce constat est valable pour l'Europe mais aussi pour des pays loin d'Europe comme l'Australie.

Chapitre 8
Les théories de la relation rémunération/performance

Jusqu'ici la rémunération n'a pas été conçue comme un élément motivateur au sens où nous l'entendons, c'est-à-dire incitatif à l'efficience. Nous en avons vu seulement la désirabilité (valence) et l'instrumentalité telles qu'elles sont perçues par les travailleurs mais non telles qu'elles peuvent, en se combinant, les inciter à la performance.

Cette incitation spécifique a été contestée au profit de celle dont nous avons vu les effets (plus haut p. 111) : la fixation de but. Pritchard et Curtis (1973) relèvent cette contestation chez Lawler mais avec la nuance suivante : l'établissement de but, indépendamment de toute contrepartie financière, aurait un effet sur le rendement et cette contrepartie n'aurait pas d'effet si aucun but n'était fixé. Mais cette étroite liaison entre but et rémunération reposait sur des résultats d'expériences ne manipulant que de faibles stimulants monétaires (entre 2 et 25 cents) et, par ailleurs, contaminant les effets des deux variables : fixation de but et rémunération. Pritchard et Curtis imaginent donc une expérience de simulation ou ils sont séparés. Une centaine d'étudiants sont engagés pour un travail temporaire présenté comme destiné à mettre au point des emplois de bureau de l'Université : trier des cartes individuelles portant des indications de sexe, niveau d'étude et salaire. La variation de qualité que pourrait entraîner l'accélération de cette tâche est neutralisée par un dispositif d'ergots sur lesquels il faut enfiler chaque carte. Après une accoutumance à l'opération, les sujets (tous examinés individuellement) annoncent le but qu'ils se sont fixés et s'entendent annoncer une prime globale de 50 cents ou de 3 dollars (groupes avec fixation de but et rémunération) ou bien entendent ces montants promis mais sans s'être fixé de but (groupes rémunérés mais sans but fixé). Enfin un autre groupe n'est pas rémunéré et fixe ou ne fixe pas de but : il ne travaille que pour l'aboutissement de la recherche. Pour tous les groupes la tâche ne dure que dix minutes. Les résultats (en scores de progrès entre période d'essai et période d'exercice) sont les suivants : a) dans les sous-groupes non-rémunérés la fixation de but introduit une différence significative de rendement ; b) dans les groupes avec fixation de but, pas de différence entre le non-payement et la prime de 50 cents (ce qui était l'idée de départ des auteurs). Mais entre les primes de 50 cents et 3 dollars, il y a une élévation nette du rendement plus forte chez les groupes avec but que sans but. Il y a en somme un effet général de la fixation de but et un autre de la rémunération (Figure 1). En termes clairs les résultats, bien que peu généralisables comme

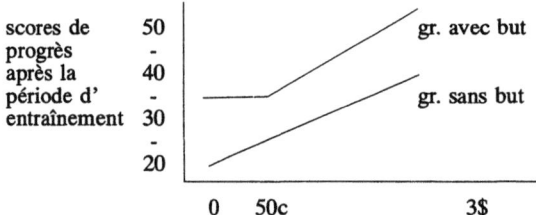

Fig. 1 — Effets généraux de la fixation de but et de la rémunération (d'après Pritchard et Curtis, 1973).

tels à des situations de terrain, montrent que le but fixé est un incitateur à l'effort (ou bien une simple déclaration d'expectation *de la performance*). Il agit déjà par lui-même comme une composante psychologique de la motivation. Mais la rémunération, à partir d'un certain seuil, a un effet aussi visible qui s'ajoute au précédent : c'est une attente définie dont la valence dépend du montant et se combine de manière multiplicative avec celle du but formé, comme la théorie E.I.V. le prédit.

Mais avant d'avoir été présentée sous l'angle de la théorie E.I.V., la relation rémunération/performance a été conceptualisée plus simplement en s'appuyant a) sur l'idée d'équité, b) sur l'idée de renforcement. En tant que telle, elle a donné lieu à des résultats souvent limités aux situations de recherche (simulation), mais qu'il faut considérer à présent.

LA THÉORIE DE L'ÉQUITÉ

Un travailleur a toujours quelques indices cognitifs sur ce qu'il investit dans son rôle de travail et les gains qu'il en reçoit (notamment monétaires). D'autre part il connaît plus ou moins ces deux termes chez les autres travailleurs, qu'il côtoie ou non, auxquels il se compare. Le résultat de cette comparaison peut engendrer une dissonance cognitive si le rapport investissement/gain personnel est trop différent du même rapport chez les autres, soit par excès pour lui (iniquité positive) soit par défaut (iniquité négative). Lorsque cette dissonance est perçue, il aura, suivant la théorie de l'équité, tendance à la réduire de différentes manières dont l'une sera un changement de productivité affectant soit la quantité soit la qualité de ce qu'il produit : si la qualification d'un travailleur est insuffisante pour la tâche qu'il exécute et s'il touche le même salaire que d'autres plus qualifiés que lui, il aura tendance soit à produire davantage s'il est payé à l'heure, soit à produite moins s'il est payé à la pièce. Ce sont là deux manière de compenser l'iniquité *positive*, l'une affectant la quantité l'autre la qualité du travail.

Bien entendu s'il agit d'un cas inverse de sous-payement (iniquité *négative*) les effets sur la production seront inverses.

Les recherches inspirées par le concept d'équité sont nombreuses depuis les années 1960. Elles consistent à créer une simulation du marché du travail dans des circonstances de recherche où l'on puisse réellement manipuler la qualification perçue (par le travailleur) et son mode de paiement. Une des plus complètes est celle d'Adams et Rosenbaum (1962). Elle comporte deux expériences. La première ne comporte qu'un payement à l'heure, la deuxième un payement à l'heure chez certains sujets et à la pièce chez d'autres. Mais la situation imaginée, la mise en scène proposée est la même : des étudiants de l'Université de New-York sont engagés par le service de placement pour un travail à temps partiel : interviews d'enquêtes démographiques pouvant avoir un impact commercial. Il s'agit d'entrer en contact avec des passants des deux sexes et de leur faire associer des marques d'automobiles à six types d'utilisateurs possibles : « jeune gérant d'affaires »; « athlète professionnel », etc. Les étudiants engagés dans cette tâche, après avoir rempli un questionnaire concernant leur formation et leur passé de travail, sont, pour les uns soumis à une dissonance cognitive : l'employeur leur déclare, individuellement, qu'ils n'ont pas la qualification nécessaire pour mener des interviews. Mais, après un coup de téléphone fictif reçu en leur présence, on se résigne à les embaucher en leur conseillant de faire un travail aussi précis que possible. Le salaire horaire prévu au départ est maintenu. Les autres étudiants non-soumis à cette dissonance s'entendent déclarer individuellement qu'ils ont la qualification désirable et toucheront le même salaire.

L'emploi est présenté comme devant durer plusieurs mois, mais il doit commencer par une période d'essai de deux heures et demi. Au bout de cette période on compte les nombres d'interviews rapportés par chaque groupe. Il s'avère que le groupe («sous-qualifié») en a fourni significativement plus que le groupe («qualifié»).

La deuxième expérience se déroule comme la première, mais avec quatre sous-groupes dont deux sont payés à l'heure (au même taux que précédemment) et deux à la pièce (sa rémunération étant calculée sur la base du rendement du groupe de contrôle dans l'expérience précédente). Les résultats obtenus au cours de la période probatoire sont ceux prévus par la théorie : plus d'interviews fournis par le groupe censé être «surpayé» que par le groupe «équitablement payé» si le salaire est à l'heure et moins d'interviews fournis si le salaire est à la pièce. Dans cette dernière condition la différence n'est qu'une tendance non-significative. Mais si l'on traite l'ensemble des quatre groupes par l'analyse de variance, il s'avère que l'interaction entre dissonance cognitive et modes de payement est très significative.

Cette recherche, si complète soit-elle soulève des objections dont l'une est examinée par les auteurs : la manière dont la dissonance est introduite, dans les deux expériences, auprès des sujets censés être «surpayés» n'a-t-elle pas agi plutôt comme une menace sur leur emploi que comme une déclaration d'iniquité positive? Cette objection est rejetée ainsi : si cette menace était sous-jacente à leur embauche, les étudiants «surpayés», mais à la pièce, n'auraient pas diminué leur rendement, comme ils l'ont fait comparativement aux étudiants «qualifiés», mais auraient soutenu le défi qu'on leur lançait pour conserver leur emploi.

Une autre objection concerne la représentativité totale de ce type d'expérience au regard des conditions d'embauche dans des emplois ordinaires : dans ces emplois les candidats ont, nous l'avons vu, une notion plus ou moins claire de la paye usuelle sur le marché et non pas seulement de celle qui leur est offerte, soit à l'heure, soit à la pièce. D'autre part la déclaration d'incompétence peut-elle être contredite, devant les candidats, par un simple coup de téléphone? Nous verrons que les résultats de ce genre d'expériences, étant donné qu'ils sont constants, peuvent s'interpréter de manière plus plausible par la valence de l'équité elle-même en tant qu'elle est un but moralement recherché : c'est la «justesse» de la paye.

Ajoutons que, parmi les hypothèses découlant de la théorie de l'équité celle d'une élévation de la **qualité** du travail compensant la faiblesse de quantité, chez un sujet surpayé et à la pièce, n'a pas été testée par Adams et Rosenbaum. Elle l'a été et avec succès par Adams et Jacobsen (1963) avec une tâche se prêtant bien à des mesures précises de la qualité : la correction d'épreuves d'imprimerie. Deux groupes d'étudiants sont payés à raison de 30 cents la page. L'un d'eux est censé être surpayé, l'autre équitablement payé d'après leurs niveaux d'études respectifs. Les résultats montrent que, comparativement, le premier relève, dans le texte corrigé, plus d'erreurs que le deuxième.

ÉQUITÉ OU ATTENTE ?
LES RÉINTERPRÉTATIONS DU CONCEPT D'ÉQUITÉ

L'ensemble des prédictions tirées de la théorie de l'équité ont été synthétisés et réinterprétées par Lawler (1968) en termes d'attentes et de valence. Il faut que ces deux termes soient positifs pour qu'il y ait motivation à travailler plus ou moins.

a. Dans la condition de sur-payement à la pièce, les sujets ont tendance à diminuer la quantité et à élever la qualité de leur production comparativement aux sujets équitablement payés. Les sujets surpayés, réputés sous-qualifiés, peuvent se sentir dans l'insécurité pour l'avenir et, au lieu d'augmenter leur productivité pour gagner davantage, ils s'efforcent de mieux produire, mais en plus faible quantité. Certains auteurs se sont donc préoccupés d'éliminer le sentiment d'insécurité en annonçant aux sujets qu'il s'agissait d'un travail temporaire. Or ce sentiment peut subsister même pour le court-terme, c'est-à-dire la période d'engagement. Lawler décrit une expérience qu'il a réalisée avec d'autres (1968), portant sur deux périodes consécutives de 2 heures. Dans la première, les sujets surpayés (sous-qualifiés) se comportent selon la théorie de l'équité, mais non dans la période qui suit où ils sont rassurés : leur production est égale à celle des sujets équitablement payés, donc conforme à la théorie de l'attente. Après la période probatoire et sur le long-terme, les sujets infèrent une paye plus élevée d'une production plus abondante. Or, c'est là la condition normale d'un travail payé à la pièce. Dans la période probatoire, des montants inférieurs seraient plus désirables que des montants supérieurs, parce que plus justes. La justesse (*fairness*) serait un résultat recherché ayant de la valence.

b. Surpayement à l'heure. Dans cette condition les sujets se sentent dans une situation d'insécurité relativement aux sujets équitablement payés et ont tendance à produire plus qu'eux. Différentes mises en scène ont été conçues pour éliminer ce sentiment : soit en déclarant aux sujets d'un sous-groupe que leur productivité ne sera pas connue, et à un autre qu'elle le sera. Or les deux sous-groupes produisent significativement plus qu'un groupe équitablement payé. Il semble donc que l'insécurité, soit quoiqu'on fasse, associée au surpayement. Par ailleurs, dit Lawler, la condition de surpayement, si elle induit la crainte concernant le maintien dans l'emploi, peut aussi aviver l'amour-propre (self-esteem) des sujets qui y sont soumis et peut les conduite à élever leur production, conformément à la théorie de l'attente. L'élévation de la productivité sauvegarderait l'amour-propre qui est en soi un objectif ayant de la valence. Pour en décider il imagine une expérience où la condition est présentée de deux manières : l'une est rattachée à une bourse impliquant en soi un surpayement, l'autre est rattachée à la sous-qualification. Or les résultats montrent que, de ces deux présentations, seule la deuxième conduit à une élévation de la productivité par comparaison à un groupe payé équitablement. L'efficacité du surpayement est donc liée au sentiment d'être sous-qualifié qui agit comme un défi atteignant l'estime de soi. C'est pour sauvegarder cette estime que les sujets produisant plus et non simplement parce que l'argent qu'ils reçoivent est disproportionné à ce qu'ils font. D'autres expériences sont citées par Lawler dans lesquelles la condition de surpayement est manipulée de diverses manières. Il en ressort que cette condition ne conduit à une activation de la productivité que si elle met en cause la qualification, conteste la compétence des sujets. Ceux-ci s'efforcent alors de réagir pour maintenir l'image qu'ils ont d'eux-même par une élévation de la quantité ou de la qualité (selon le régime de payement). En des termes déjà définis plus haut le sur-payement, en introduisant cette contestation active l'expectation de la performance (terme E dans le produit EIV) : les sujets stimulés par la sous-estimation de leur capacité affrontent le défi pour se montrer (à eux-mêmes et à leur employeur) plus capables.

Restant au plan de *l'appréciation* des différentes formules de payement, Austin et Walster (1974) ont montré que l'équité avait la meilleure image, puis l'iniquité positive (sur-payement) et enfin l'iniquité négative (sous-payement). L'expérience est faite auprès d'étudiants engagés pour une tâche temporaire de correction d'épreuves, payée à l'heure selon trois taux différents affichés. Ils seront en fait payés soit au prix convenu au moment de l'embauche (équité), soit plus, soit moins selon l'appréciation de leur tâche «soumise à un expert». Les sujets remplissent un questionnaire dans lequel la rémunération reçue doit être qualifiée au moyen de 30 adjectifs décrivant des états thymiques (joie, activation, agression, anxiété, etc.). Les résultats montrent que les adjectifs positifs sont plus souvent affectés à la condition d'équité, tandis que l'iniquité positive et surtout négative sont relativement ou très dépréciées.

Les effets des conditions de sous-payement sont en général moins nets. La conclusion d'ensemble que tire Lawler de toutes ces recherches est la suivante : pour un payement horaire, ni le surpayement ni le sous-payement ne conduisent à des variations quantitatives ou qualitatives conformes à la théorie de l'équité, mais elles sont prédicables par la théorie de l'attente. Pour un payement à la pièce les deux théories peuvent également être invoquées.

Plus récemment Moore et Baron (1973) ont réalisé une expérience très soignée ou la qualification/sous qualification est manipulée, mais aussi le *montant* de la rémunération : il s'agit d'une tâche de correction d'épreuves d'imprimerie se prêtant bien à la mesure de la quantité et de la qualité de la production (nombre de pages par heure, nombre d'erreurs détectées ou introduites à tort). Un test initial permet d'avoir une mesure de la capacité de chaque étudiant et d'en tenir compte ensuite, par l'analyse de la covariance pour évaluer les effets des variables intéressantes. Cette analyse montre à nouveau que la sous-qualification entraîne une baisse relative de la quantité et une élévation de la qualité. Le montant variable de la rémunération a un effet général positif sur la quantité — ce qui témoigne d'une valence accrue de la paye — mais un effet non-linéaire sur la qualité : le groupe qualifié et payé au taux le plus élevé fait plus d'erreurs que le groupe qualifié payé «juste». Cette justesse est estimée par les sujets eux-mêmes par une question, incluse dans un questionnaire : «Considérant votre qualification, comment trouvez-vous la justesse de votre paye ?» Les résultats, dans l'ensemble, montrent que la sous-qualification déclarée aux sujets n'a pas les mêmes effets que la rémunération élevée. On l'a vu par la comparaison du groupe sous-qualifié payé normalement et du groupe qualifié payé au tarif fort. *La sous-qualification agit comme une atteinte à l'estime de soi (et non comme une dissonance cognitive) et l'élévation de la paye n'introduit pas le sentiment de sous-qualification.* La justesse de la paye est donc un objectif ayant une certaine valence, mettant en cause l'image de soi et conduisant à des variations de quantité ou de qualité dans la performance.

Si l'on quitte le champ des expériences de simulation, où la théorie de l'équité s'est principalement développée, on trouve quelques enquêtes de terrain où les critères fondant la justesse de la rémunération sont examinés. Ils sont bien plus nombreux que l'équité au sens strict, c'est-à-dire l'adéquation entre la formation et l'emploi occupé.

L'enquête de Dyer *et alii* (1976) a porté sur près de 200 cadres de niveaux variables appartenant à 72 compagnies et percevant des salaires allant du simple au double. On leur demande de coter sur des échelles d'importance a) les critères effectifs utilisés dans les *augmentations* de salaire; b) les critères légitimes; c) les critères selon lesquels ils décident d'augmenter leurs subordonnés. Les critères effectifs sont, par ordre décroissant d'importance : qualité du travail, charges sociales, nature du poste, quantité d'effort déployé, expérience acquise, augmentation des salaires à l'intérieur de l'entreprise, augmentations à l'extérieur, coût de la vie, durée de service. Parmi ces neuf critères effectifs, les cinq premiers ne diffèrent pas significativement entre eux. (tout en étant d'importance décroissante). Mais ils diffèrent des trois derniers. Ainsi la qualité du travail, la quantité d'effort déployé et l'expérience acquise ne sont pas cotées plus haut que les charges sociales, les changements à l'intérieur de l'entreprise ou la nature du poste. La durée de service est cotée en 9e rang alors qu'elle a, semble-t-il une certaine relation avec l'équité.

L'ordre des mêmes critères cotés selon la légitimité ne diffère pas sensiblement du précédent : qualité du travail, nature du poste, coût de la vie, quantité d'effort déployé, expérience acquise, augmentations à l'extérieur, charges sociales, augmentations à l'intérieur de l'entreprise et enfin durée de service. Dans l'ensemble les critères sont cotés *plus fort selon la légitimité* que selon l'effectivité, notamment la nature du poste et le coût de la vie, puis la qualité du travail, la quantité d'effort et l'expérience acquise (et ces différences sont significatives). En revanche la durée de service est cotée de même selon l'importance et selon la réalité. En somme la légitimité des augmentations du salaire n'est pas avant tout fondée sur des demandes (ou des attentes) touchant des attributs d'équité (qualité du travail, quantité d'effort, expérience acquise, durée de service). Ces attentes existent mais viennent après des considérations du coût de la vie et de hiérarchie des postes.

Enfin lorsqu'on examine l'ordre des critères de décision observé pour l'augmentation des subordonnés, on constate qu'il diffère peu de l'ordre des cotations de légitimité de leur propre salaire.

Cette étude a donc dans l'ensemble le mérite de montrer que les attributs de l'équité sont *désirables* et estimés plus qu'ils ne s'observent parmi les critères utilisés pour les augmentations. Ils ont une valence appréciable. Mais ce ne sont pas les principaux (ni les plus désirables, ni les plus invoqués pour revendiquer des augmentations).

La recherche des critères effectifs et légitimes débouche, de nos jours, sur des comparaisons qui méritent d'être étudiées au fond, entre origines ethniques (émigrés/nationaux) ou sexes, les femmes accédant de plus en plus aux postes de cadres moyens ou supérieurs. Y a-t-il, à poste égal, des rémunérations plus élevées pour les nationaux ou les hommes ? Bien que la loi ne les autorise pas, l'opinion souvent le soupçonne. Sur ces critères occultes nous n'avons trouvé qu'une étude solide, faite aux Etats-Unis sur le critère des sexes, à l'occasion de l'application d'un plan bisannuel de réinsertion des personnes au chômage ou sous-employées. En interrogeant deux fois de suite à six mois d'intervalle 2 300 personnes des deux sexes, Simeral (1978) a constaté ceci au début de l'enquête : en appariant les hommes et les femmes sur six variables individuelles autres que le sexe (scolarité, expérience professionnelle, ancienneté dans les emplois, syndicalisation, qualité de chef de famille, mobilité géographique) il s'avère que les hommes touchent des salaires supérieurs de 10 % à ceux des femmes. Mais l'enquête, outre ces variables individuelles, en avait enregistré d'autres portant sur les secteurs professionnels et les emplois.

La comparaison entre sexes fait apparaître que les femmes occupent, significativement plus souvent que les hommes des emplois de relation (santé, éducation, service, bureau) et ceux-ci plus souvent des emplois ayant rapport aux choses (agriculture, pêche, forêt) et *surtout* impliquant l'utilisation d'équipements souvent coûteux. En maîtrisant les variables individuelles, il ressort que «les femmes gagnent de plus faibles salaires à cause de la nature de leurs emplois». Ajoutons qu'au terme de l'étude, après l'application du plan de réinsertion, la différence moyenne de ces salaires diminue mais dans une faible mesure : 16 % contre 19 % six mois avant.

Cette enquête montre donc qu'aux attributs d'équité abstraits tels que formation, quantité et qualité de l'effort, coût de la vie, s'en ajoutent d'autres, plus concrets, c'est-à-dire des attributs de fait intrinsèques à la nature des emplois et aux coûts des équipements qui s'y attachent. Ces attributs sont-ils envisageables dans une étude *psychologique* de l'équité selon des travailleurs eux-mêmes? Ils devraient l'être dans la formation et l'information des employés à l'embauche avant toute intervention en vue de les motiver par l'équité.

LA THÉORIE DU RENFORCEMENT

Il était bien naturel que le concept de renforcement, emprunté aux théories du conditionnement et de l'apprentissage soit utilisé pour faire des prédictions sur la relation entre rémunération et performance. Il est connu que, parmi les attributs incitatifs des récompenses, leur montant et leur intermittence sont les plus efficaces.

On a donc imaginé des études soit de simulation, soit de terrain ou ces attributs ont été variés. Mais les unes et les autres n'ont pas donné des résultats similaires. Yukl *et alii* (1972) ont mis en évidence l'effet positif du montant de la rémunération ainsi que de son intermittence (par opposition à sa constance). Dans cette étude de simulation, des étudiantes sont engagées pour noter, par perforation, des cartes d'ordinateur consignant des résultats d'examens. Chacune travaille isolément à raison d'une heure par jour pendant plusieurs semaines. Au cours de la première, le payement se fait au tarif horaire usité dans ce genre de tâche (un dollar et demi). Mais après cela, on leur annonce qu'elles pourront gagner davantage, soit par tirage au sort après chaque paquet d'une prime de 25 ou 50 cents, soit par une prime fixe de 25 cents donnée après chaque nouveau paquet. On s'assure, par un comptage des erreurs des cartes traitées, que les variations de quantité n'ont pas nui à la qualité du travail. Le potentiel de motivation est enfin étudié par un calcul des scores de progrès accomplis entre la semaine payée au fixe et la semaine suivante, avec des primes variables pour le renforcement aléatoire et fixes pour le renforcement constant. Le principal résultat est que le renforcement variable (tiré au sort) est plus incitatif que le fixe de même montant, mais surtout d'un montant supérieur. Pourtant, dans l'ensemble les taux du renforcement variable ont été proches de 50 %. Autrement dit la performance est plus activée par l'espoir de gagner une prime incertaine pouvant être forte que par l'attente certaine d'une prime fixe moindre. La portée de ce résultat est, selon les auteurs eux-mêmes, limitée par les conditions de calcul des primes, peu généralisables dans une entreprise. On peut ajouter que deux semaines de travail temporaire en milieu étudiant ne permettent pas de tirer de conclusions étendues.

C'est précisément ce qu'ont montré Yukl et Latham (1975) dans une expérience de terrain sur des équipes de jeunes travailleurs noirs employées à la plantation d'arbres dans des espaces de Caroline du Nord. Outre le payement horaire régulier, de deux dollars, ces employés peuvent toucher, selon l'équipe à laquelle ils sont affectés, des primes pour des paquets d'arbres supplémentaires, soit tirées au sort, (de 4 ou 8 dollars), soit fixes (de 2 dollars). Une équipe géographiquement séparée, ne touchant aucune prime, sert de point de comparaison. Les résultats sont les suivants : les primes fixes de 2 dollars sont plus incitatives que les primes plus élevées quelles qu'elles soient (même de 4 ou de 8 dollars) mais tirées au sort. Il y a, disent les auteurs, un désaccord radical entre ces résultats et ceux des expériences de simulation, dû au fait que des équipes et non des individus sont affectées aux diverses conditions de payement : de ce fait des phénomènes de groupe, incontrôlés, ont pu interférer avec les motivations monétaires. Du reste dans l'équipe aux primes aléatoires faibles, plusieurs employés ont proclamé que le tirage à pile ou face était une sorte de jeu incompatible avec des procédures normales d'emploi et ont refusé de continuer (du reste le turnover et l'absentéisme au cours de l'étude a atteint 40%). D'autres ont exprimé des soupçons concernant la loyauté du système.

L'interprétation que l'on peut donner de ces résultats (que des *enquêtes* de terrain vont confirmer) est que a) le renforcement constant donne aux primes une instrumentalité supérieure à celle que donne le renforcement aléatoire (la relation entre effort et rémunération y est plus certaine et cela l'emporte sur un montant plus élevé possible); b) le renforcement constant ajoute au résultat financier un résultat «moral», son équité : tout employé, dans l'équipe considérée, touchera la prime s'il parvient à produire ce qui a été défini à l'embauche en sus du salaire horaire.

CONTESTATIONS DIVERSES DE L'EFFET INCITATIF DES PRIMES

Les enquêtes de terrain — auxquelles il faut avant tout se fier car elles subissent les effets des variables de tous ordres qui distinguent l'entreprise de la situation simulée (quelle que soit l'ingéniosité des chercheurs pour imaginer des scénarios plausibles aux yeux des sujets) — ces enquêtes contestent l'effet incitatif des renforcements que sont les primes sauf si certaines variables sont dominées.

Selon l'étude considérée une variable distincte est mise en évidence comme frein à l'incitation par les primes :

a. Le délai de versement

Les primes sont très souvent créditées aux employés en fin d'année, avec une incertitude quant à leur montant ainsi qu'à leur mode de calcul. Tout ceci ne favorise pas l'efficience tout au long du délai. Greene (1973), dans une étude très bien faite, a tiré cette conclusion de l'absence de relation causale entre primes et efficience constatée au long d'une année. Les sujets de l'enquête sont des cadres subalternes de production et d'administration d'une entreprise fabricant du matériel de télécommunications ayant chacun au moins quatre subordonnés. On connaît leur salaire au début et à la fin de l'année. A cette échéance il comprend une prime de mérite pouvant varier entre 3 % et 15 % du salaire précédent. La mesure de l'efficience est faite par deux collègues sur deux échelles en sept points, l'une pour la quantité l'autre pour la qualité. Il s'avère qu'entre les deux juges les corrélations sont très élevées, ainsi qu'entre les mesures de quantité et de qualité ! Enfin les sujets de l'enquête remplissent eux-mêmes une échelle de satisfaction de leur emploi (de Bullock) aux qualités métrologiques éprouvées, ceci afin d'en tenir compte dans le réseau complexe des relations entre prime et performance.

Comme l'étude a une visée d'imputation causale (de la prime prévue à l'efficience) la technique des corrélations à délais croisés est utilisée (cf. ci-dessus p. 40). Les mesures de performance, de satisfaction, et le montant des primes sont mesurées deux fois à un an d'intervalle. S'il y a une relation causale entre deux de ces variables, on doit constater une corrélation plus élevée entre une variable « cause » en temps 1 et une variable « effet » en temps 2, que l'inverse. Les résultats montrent que *l'effet de la prime sur la performance est nul*. Mais la prime élève la satisfaction et enfin la performance élève la satisfaction (relation que nous avions signalée plus haut p. 24). L'auteur parvient aux mêmes conclusions en utilisant d'autres techniques statistiques et les énonce sous la forme suivante : l'absence de relation causale entre prime et performance peut s'expliquer par le délai qui sépare une prime de la suivante. Ce résultat nul pourrait changer si les travailleurs pouvaient percevoir les variations de leur performance tout au long de l'année et avoir ainsi une notion plus précise de l'instrumentalité de leurs efforts.

b. L'absence d'instrumentalité claire

L'effet du délai peut-il être séparé de celui de l'instrumentalité ? Sans doute, si le montant des primes est annoncé à l'avance et si, conjointement, l'efficience est connue des travailleurs eux-mêmes. L'étude comparative d'Ani (1977) permet de le comprendre : elle met en parallèle la situation des cadres Nigérians et celle de pays de l'Europe de l'Est. Au Niger la nécessité d'attirer dans certaines fonctions publiques qualifiées de jeunes diplômés a conduit les pouvoirs publics à des élévations de traitement allant de 30 % à 100 %, respectivement, aux échelons supérieurs et inférieurs. Aussi a-t-on constaté, à la suite de ces mesures, un afflux de candidatures, par exemple dans les professions d'enseignement ou de santé. Mais leurs conséquences sur la productivité ont été peu sensibles dans leurs services. Les augmentations ont été décidées au vu de l'élévation du coût de la vie et non modulées selon l'efficience des services. D'autre part les critères d'engagement des cadres s'ajoutant aux diplômes reposaient sur «l'expérience» c'est-à-dire leur ancienneté et nullement sur une formation au management. Dans quelques rares exemples, l'auteur note une élévation de la productivité : lorsque les cadres nommés ont imaginé des procédures de contrôle. Ainsi, dans les banques, l'affichage du nom de l'employé à la tête de son guichet, ou bien des mises à la retraite anticipées pour les cadres les plus improductifs.

Comparativement, en Europe de l'Est, les cadres supérieurs sont tenus de présenter des rapports où les progrès hebdomadaires de leurs services doivent figurer, ainsi que des idées sur les moyens d'améliorer l'entreprise. La conclusion -programme de cette étude est claire : «La responsabilité collective serait assurée si, dans tous les services, chacun voyait que sa promotion et ses gains dépendent étroitement des résultats globaux obtenus par son service. Ceux qui ne donneraient pas satisfaction dans le service n'obtiendraient ni augmentations de salaire, ni primes, ni avancement. Dans de telles conditions l'argent motiverait aussi la productivité au lieu de servir uniquement, comme c'est actuellement le cas à attirer les travailleurs et à les conserver» (Ani, p. 240).

En somme les primes et augmentations ne deviennent incitatives que si elles ont avec l'efficience une relation instrumentale clairement définie et vérifiable par les cadres eux-mêmes.

c. Le délai et l'aspect d'équité des primes

Dans un bilan récent sur l'effet incitatif des primes Hamner (1983) a été jusqu'à parler de ruine de la motivation sous l'effet des primes de mérite. Quatre arguments sont invoqués pour établir ce jugement sévère dont certains viennent d'être exposés :

- Les primes ne réussissent pas à pallier *les erreurs de management*, notamment celle qui consiste à pratiquer un niveau de participation insuffisant pour le type de personnel traité et le type de problème auquel on est confronté.
- Les primes font passer au second rang les motivations *intrinsèques* construites entre l'employé et sa tâche.
- Souvent les primes attribuées par les cadres sont destinées à valoriser l'ancienneté ou à l'inverse le «potentiel», «la combativité», estimées assez subjectivement, plus que l'efficience actuelle. Hamner cite une enquête selon laquelle 36 % des employés interviewés ne percevaient pas la relation entre prime et efficience pour eux-mêmes et ceci même dans des entreprises utilisant un programme MBO : à cause du délai, du secret de l'attribution, de la difficulté à mettre au clair des critères

d'efficience. Celle-ci paraît subjective et globale, voire même partiale vis-à-vis de certaines catégories de personnel. En bref *l'instrumentalité* des primes est suspectée en raison de divers facteurs dont le manque de confiance entre subordonnés et supérieurs.

— Enfin les primes ne sont que rarement perçues comme des récompenses d'un travail intensif ou bien fait. Elles sont imputées à des calculs de rentabilité faits par la direction pour favoriser un département au dépens des autres, un individu au dépens des autres. Il y a donc des *perceptions d'iniquité* et même de fausses croyances sur le système qui préside à la répartition. Hamner préconise l'instauration d'un système explicite de primes généralisé à toute la compagnie.

En termes clairs, outre leur instrumentalité douteuse aux yeux des intéressés, les primes peuvent avoir une valence compromise par leur iniquité apparente.

d. Les disparités hiérarchiques

Les différences de statut hiérarchique, culminant à un niveau supérieur proche du patronat, introduisent, aux échelons inférieurs, des phénomènes contraires à une élévation des performances. On leur a donné en France le nom de réactions de «freinage» conjugué avec l'apparition d'un taux anormal de rebuts. Une étude d'ensemble s'appuyant sur trois enquêtes par interviews permet de faire un inventaire des attitudes sous-jacentes à ce freinage : celle de Durand (1959). Elle porte sur trois laminoirs fabriquant des feuilles de tôle où l'on travaille soit au train manuel, soit au train mécanisé, soit enfin au train continu. Les salaires y sont respectivement aux pièces, aux pièces avec prime de qualité inversement proportionnelle au poids des rebuts, ou bien au salaire fixe accompagné d'une prime de production proportionnelle à la production mensuelle du train.

Aux trois niveaux techniques correspondent donc trois modes de rémunération dans lesquels la part de rémunération stable s'accroît. Chacun de ces modes répond en fait aux attitudes constatées par les responsables chez les ouvriers. Le premier s'inspire de cet adage : «C'est le salaire à la feuille qui fait travailler les gens». Le deuxième part du constat que le salaire seul encourage la production, mais que l'accélération de celle-ci entraîne des rebuts qu'il convient de limiter par des primes de qualité. Le troisième considère que, du fait de la préparation poussée du travail, l'influence de l'ouvrier sur la production est minime. On ne maintient la prime additionnelle au salaire «que par crainte d'une réaction ouvrière à sa suppression» (p. 48).

Les phénomènes de freinage sont objectivement attestés, dans les ateliers au train manuel ou mécanisé, par les courbes de production *de chaque équipe* : elles sont toutes des courbes en J à plafond identique. L'effort de production est donc contrôlé entre équipes et ne doit pas dépasser une norme concertée.

L'analyse des interviews permet de faire l'état des attitudes qui soustendent le freinage. La plupart partent d'une critique de la hiérarchie ou d'un soupçon à l'égard du patronat.

— Dans l'ensemble des trois trains étudiés, la majorité des ouvriers préféreraient un salaire fixe ou au moins un système plus stable qui assurerait leur condition économique, système qu'ils envient dans le secteur de direction ou dans tout ce qui en approche : «du fixe c'est bon pour les bureaucrates, mais pas pour la production».

— Accepter le stimulant de la prime pour un certain rendement, c'est accepter, pour l'avenir, une politique patronale plus exigeante d'efforts.

— Les pratiques salariales cachées derrière les primes sont arbitraires et injustes. Il y aurait des «rafistolages» destinés à compenser les rendements les plus faibles et dont les équipes plus adroites ne bénéficient pas. La prime de qualité en usage au train mécanisé ne tient pas compte des fluctuations du matériau traité.

— Au-delà des relations de rivalité entre équipes, on trouve des attitudes qui opposant l'ensemble du groupe ouvrier au «groupe de Direction». Celui-ci propose ou même impose des systèmes variables de primes qui tous sont en faveur d'une politique productiviste. Le refus d'y participer s'inspire d'une méfiance générale à l'égard des «intentions patronales».

Ces attitudes ouvrières à l'égard de la hiérarchie, en tant qu'elles freinent le potentiel incitatif des primes, sont une forme perçue *d'iniquité catégorielle* (et non plus interindividuelle) qui enlève à celles-ci la valence spécifique qui est celle de l'équité : la prime au lieu d'inciter, démobilise parce que «les autres», les bureaucrates n'en ont pas besoin pour être bien payés et que tout «le système» est au mains patronales. D'autre part les soupçons concernant le «rafistolage» ou la prime de qualité indifférenciée altèrent *l'instrumentalité de l'effort* des équipes concernées : le «rafistolage» lèse les équipes les plus soigneuses, la prime de qualité lèse les équipe qui ont été fournies en matériau de moindre ductilité ou de grain plus difficile.

L'intérêt de voir réapparaître en France avec plus de précision des attitudes qui ont été décrites aux Etats-Unis (voir ci-dessus p. 131) est accru lorsqu'on les observe sous une forme voisine dans les pays de l'Est européen où l'organisation socio-économique est différente. Adam (1977) en fait l'historique en Hongrie entre 1968 et 1973 sans expliciter les enquêtes sur lesquelles il se fonde mais en évoquant des « manifestations de mécontentement ouvrier » ou des « conflits » assez apparents pour que les autorités étatiques s'en émeuvent.

En Hongrie l'autonomie économique des entreprises est plus large que dans le système soviétique traditionnel. A partir de 1968, le revenu brut, critère plus objectif, cède au critère du profit (qui dépend des prix) comme indicateur de succès. Le dépassement des objectifs du Plan permet alors d'augmenter un « fonds des primes ». La réforme de 1968 entraîne, pour les cadres supérieurs, l'instauration d'une prime alimentée par un fonds de participation. A partir de 1969 ce fonds devient une source de conflit entre eux et les ouvriers à cause de son inégale répartition chez les uns et les autres, en sorte que, en 1971, les augmentations de salaires ne sont plus financées par le fonds de participation.

En 1976 les cadres supérieurs ne touchent *qu'une prime annuelle* venant du fonds de participation et deux autres du fonds des salaires. Il n'y a plus de système uniforme mais divers systèmes selon les branches économiques (les mines, l'énergie, la chimie venant en tête, l'industrie légère et alimentaire en queue), ce qui ajoute aux primes perçues une nouvelle *inéquité perçue*.

Mais en fin de compte en 1973 les rémunérations des cadres supérieurs dans l'industrie socialisée sont supérieures de 204 % à celles des ouvriers. Tandis que les salaires ne le sont que de 143 %. L'inégalité venant des primes dépasse donc, et de loin, celle qui vient des salaires respectifs. Outre cela les cadres supérieurs bénéficient d'avantages non-monétaires qui leur sont réservés. Cette situation crée cependant chez les ouvriers des manifestations de mécontentement telles que l'ampleur des différenciations doit être réduite.

On voit donc que le sentiment *d'inéquité catégorielle* inhérent aux hiérarchies de personnel et ruinant le pouvoir incitatif des primes ouvrières dépasse non seulement les continents mais les régimes économico-politiques.

e. Les effets de groupes

L'attribution annoncée à un travailleur d'une prime au rendement est loin d'influer automatiquement sur celui-ci en raison également de la présence de l'ouvrier dans une équipe.

Cette présence n'agit pas comme une stimulation, ainsi qu'on l'a longtemps cru en psychologie sociale. Cela dépend de la norme ou de l'esprit du groupe qui peut être en faveur ou en défaveur de l'efficience.

On a appelé cohésion du groupe le degré d'attachement mutuel de ses membres à y travailler ensemble. Or cette cohésion n'a pour conséquence qu'une obéissance plus étroite des sujets observés à cette attitude plus ou moins positive ou négative envers la production dans l'organisation qui est en cause. Parmi les recherches qui en témoignent on en peut citer qui sont de simples simulations d'une situation de travail.

Une des plus probantes est celle de Berkowitz (1954) car elle a eu pour objectif de constater, si elle existe, la persistance dans le temps de l'effet conjoint de la cohésion du groupe et de la nature positive ou négative des normes de ses membres concernant la productivité. Les sujets sont des étudiants recrutés pour effectuer une tâche de fabrication «à la chaîne» de cendriers découpés, peints, montés et collés au dos d'un réceptacle de verre déjà préparé. Le but déclaré de l'expérience est «d'étudier les communications entre membres» des groupes, les sujets étant non pas face à face mais séparés par des cloisons et «s'adressant» des messages écrits, transmis par l'expérimentateur ou son assistant tandis qu'ils relèvent les produits finis. En fait tous les sujets s'en tiendront à la première étape de la fabrication et ceci pendant 40 mn. Ils seront répartis en quatre groupes de huit à neuf sujets et chaque groupe recevra (après une période de messages neutres) d'autres messages induisant à une forte production («Faisons un record», «L'assembleur dit qu'il se tourne les pouces») ou bien à une production plus relâchée. Chaque sujet peut répondre par écrit à ces messages pré-fabriqués. Les 20 dernières minutes, les sujets ne reçoivent plus de messages.

Quant à la variable cohésion elle est manipulée lors du recrutement : chaque sujet remplit un questionnaire décrivant ses goûts et affinités personnels, dont on lui dit qu'il servira à constituer des équipes ayant des chances de bonne entente. En réalité, lorsque chaque sujet arrive, isolément, pour commencer le travail, on lui apprend, soit que cet appariement est réussi (groupes à cohésion élevée) soit qu'il n'a pu l'être (groupes à faible cohésion). Un questionnaire post-expérimental montrera que ces deux inductions ont convaincu les sujets sur les ambiances de leurs groupes respectifs.

Enfin après la 40e mn, la production étant arrêtée, on fait son bilan en prenant pour base les différences individuelles de productivité entre la première période et les périodes suivantes (avec induction puis sans induction). Il en ressort que, pendant toute la période d'établissement des normes, la production est significativement stimulée à la fois par la cohésion et par la nature des normes induites. Il y a en outre une interaction significative de l'effet des deux variables : la cohésion élevée donne un élan supplémentaire *lorsque la norme est positive*, mais *non lorsqu'elle est négative*. En outre, si l'on considère la production au cours de la dernière période, on constate qu'après la cessation des messages, l'effet incitatif des normes *positives* persiste, en interaction avec la cohésion, mais non l'effet des normes négatives. Mais dans l'ensemble de l'expérience, l'effet propre des degrés de cohésion n'est pas significatif. La figure permet de suivre les résultats. Elle illustre nettement la primauté des normes de groupe sur l'effet de la cohésion en tant que tel.

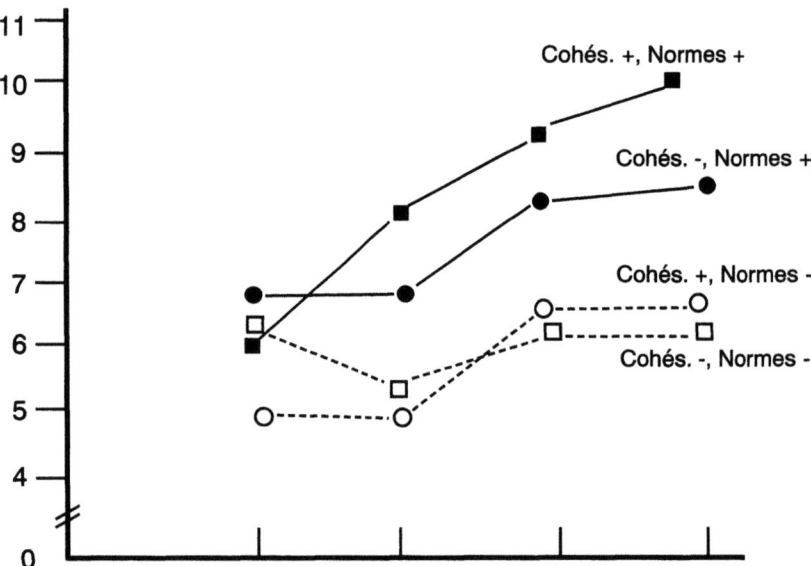

Nombres moyens d'unités produites en 4 mn au cours des 4 périodes :
9-12 mn, sans induction; 12-24 mn, établissement des normes;
24-32 et 32-40 mn, sans messages (d'après Berkowitz, 1954).

Si nous passons ensuite aux études de terrain, nous retrouvons un résultat voisin sous une forme différente : les travailleurs qui pensent qu'une haute productivité permet de mieux «s'entendre avec le groupe» comptent une proportion plus élevée de forts producteurs que ceux qui pensent le contraire. Dans l'étude de Georgopoulos *et alii* (1957) cette meilleure entente est donc un résultat recherché dont l'instrument est la productivité souhaitée, tantôt forte tantôt faible, par le groupe. Bien sûr d'autres résultats sont recherchés, dont « gagner de l'argent » ou « avoir une promotion ». Mais nous ne les envisageons pas ici.

Les sujets de l'enquête sont plus de 600 employés d'une compagnie fabriquant des appareils ménagers, d'âge moyen de 35 ans, dont plus de la moitié ont un niveau d'instruction primaire suivi de quelques années de secondaire. Le régime de payement est « l'heure standard » : on mesure à certains moments la productivité horaire de chacun d'eux et on la confronte à une « norme d'effort » établie sur l'ensemble du service. Selon le résultat de la comparaison le salaire payé est élevé ou maintenu.

Par ailleurs les travailleurs remplissent un questionnaire comportant quelques items de deux sortes : les uns indiquent que, selon le travailleur, la haute productivité permet d'atteindre certains buts (par exemple mieux s'entendre avec le groupe) ou bien qu'elle nuit à cette entente. Les autres considèrent l'instrumentalité inverse : la faible productivité nuit à la bonne entente ou bien la favorise.

On essaye ensuite d'avoir une mesure objective de la productivité de chacun tenant compte des contraintes qu'il subit à son poste (par exemple s'il a un rythme libre ou non). On obtient ainsi une distribution de la productivité réelle de la population à laquelle il appartient. La médiane de cette distribution permet donc de classer assez grossièrement chaque travailleur en « fort » ou « faible » producteur, selon qu'il se trouve en deça ou au-delà de cette médiane. Les résultats sont les suivants : il y a une proportion plus élevée de forts producteurs parmi ceux qui estiment qu'une efficience supérieure permet une meilleur entente avec leur groupe que parmi ceux qui pensent qu'elle nuit. Symétriquement il y a une proportion plus élevée de forts producteurs parmi ceux qui pensent qu'une faible productivité nuirait à leur entente avec le groupe que parmi ceux qui pensent qu'elle y aiderait.

On a donc dans cette enquête la preuve statistique d'une triple instrumentalité de l'effort fourni par le travailleur (monétaire, promotionnelle et groupale). Et cette dernière signifie que le comportement de chacun s'ajuste en moyenne à l'exigence, à la norme de son groupe qui préconise ou freine la productivité.

f. Cohésion et normes de production : le cas des groupes de qualité

Cohésion du groupe et productivité ne sont donc pas synonymes sauf si le groupe, pour certaines raisons, diffuse en lui-même une norme favorable à la production. Mais cette norme peut reposer sur les circonstances de sa création. L'exemple des cercles de qualité est très éclairant, surtout si on l'étudie dans des sociétés ayant des régimes politiques différents : les Etats-Unis d'une part, la République populaire de Chine de l'autre. Dans l'un et dans l'autre pays de tels groupes existent et, dans les mêmes entreprises, certains ont été formés soit à l'initiative de la Direction, soit à l'initiative des travailleurs. On peut penser que ces derniers auront, dans les deux pays, une cohésion interne supérieure à celle des premiers, mais que la norme de production ne sera pas la même en Amérique et en Chine.

La confrontation de deux études sur les cercles de qualité faites à peu d'années l'une de l'autre permet de constater qu'il en est ainsi.

Aux Etats-Unis, Li-Pang Tang, *et alii* (1987) signalent que, dans ce pays plus de 200 000 travailleurs fréquentent des cercles de qualité censés résoudre des processus terminaux («end-product») tels que qualité et quantité de la production, baisse des coûts, amélioration de la sécurité. L'appartenance à ces groupes est volontaire, mais certains sont créés par la Direction et d'autres à l'initiative des individus.

Les hypothèses des auteurs sont que :

a. la motivation d'assister aux réunions (témoignant d'une plus grande cohésion) sera supérieure dans les groupes auto-créés que dans les groupes créés par la Direction ;

b. les niveaux de performance, en revanche seront plus élevés dans ceux-ci que dans ceux-là (témoignant d'une norme plus positive).

L'étude a lieu dans une usine de construction et d'assemblage de «structures» du Tennessee comptant 4 600 membres dont 6,8 % appartiennent à des groupes de qualité, les uns auto-créés et les autres créés par la Direction, mais comportant la même proportion d'ouvriers et d'employés. On y compte, pendant les trois années que dure l'étude, leur effectif moyen et l'assistance aux réunions et, par ailleurs, leurs performances selon deux critères : durée d'exécution des projets depuis leur définition jusqu'à leur soumission à la Direction et nombre de projets. Les résultats partant des données de la période entière montrent que les deux hypothèses sont confortées : l'assistance aux réunion est plus nombreuse dans les groupes auto-créés que dans les autres, mais ils soumettent moins de projets et moins rapidement que les groupes créés par la Direction. Pour tenir compte de la taille des groupes une analyse de covariance est menée qui la maintient constante dans l'étude de ces relations. Il en ressort que seule la rapidité d'exécution des projets cesse d'être significativement supérieure dans les groupes créés par la Direction : le nombre de projets demeure supérieur dans ces groupes, mais leur rapidité d'exécution ne l'est pas (peut-être justement parce qu'ils sont plus nombreux) à effectif constant.

Dans leur conclusion les auteurs estiment que l'auto-création serait synonyme de motivations intrinsèques, mais non de productivité. On peut aussi penser que la cohésion des groupes auto-créés était plus élevée dans les groupes auto-créés mais que la norme de production de ces groupes n'était pas à la hauteur de celle des groupes créés par la Direction.

En Chine populaire, une recherche symétrique a été menée par Putaijin (1993) comparant, là aussi, des équipes «volontairement formées» à la suite d'une réforme instituée en 1980 et d'autres restant sous le régime antérieur. Au moment où l'expérience va commencer, les conditions sont les suivantes : l'autorité du Directeur d'usine, formé par la Section du Parti, au loyalisme garanti, descend aux agents de maîtrise qui ne sont responsables que devant lui et non vis-à-vis des membres ouvriers du groupe. Ce loyalisme l'emporte sur leur incapacité éventuelle et l'hostilité qu'elle suscite dans le groupe (où le turnover est impossible). La réforme de 1980 favorise donc la formation volontaire de groupes après une définition des tâches, buts et responsabilités que la Direction publie. Cette mesure est prise après une recherche préparatoire au cours de laquelle certains contremaîtres désignés avaient loisir, dans des contacts informels avec les autres équipes, d'envisager la formation volontaire d'équipes fondées sur la complémentarité des capacités individuelles et une entente coopérative. En somme, après cette phase, le terrain est préparé pour la constitution d'équipes ayant à la fois une cohésion élevée et des normes de production positives : les groupes volontaires, au nombre de 14 ont des effectifs variant de 2 à 16 et comptent en tout 68 ouvriers.

Ils sont appariés à un même nombre d'ouvriers travaillant dans les équipes traditionnelles, ayant les mêmes occupations dans l'industrie textile, mécanique et électrique. Dans les groupes volontaires ce sont les membres du groupe qui choisissent leurs représentants et chefs de groupes et ce choix est confirmé par la Direction, tandis que dans les groupes de contrôle c'est celle-ci qui les désigne.

Le bilan des résultats comprend deux aspects :

a. Relations de groupe et motivation, établies par l'analyse de thèmes de conversations entendues et de questionnaires remplis par les ouvriers. Il en ressort que les relations sont plus amicales dans les groupes auto-formés que dans les groupes de contrôle, ainsi que la confiance envers le contremaître, l'équité des primes, l'attribution des échecs à des causes internes, tandis que dans les groupes de contrôle, ils sont attribués « à une cause externe stable ». Trois mois après l'intervention, 95 % des travailleurs volontaires décident de demeurer dans leurs groupes, tandis que dans les groupes de contrôle, où le turnover est interdit, le nombre d'intentions de quitter demeure constant.

b. L'efficience est mesurée par questionnaires portant sur la quantité et la qualité moyennes pendant la période de trois mois qui suivent l'intervention. Sur les 14 paires de groupes institués, 13 groupes expérimentaux produisent plus que leurs homologues de contrôle, quels que soient l'usine et l'emploi considérés et la différence est significative dans 10 de ces cas. La qualité, difficile à apprécier pour certains postes, est cependant supérieure dans 8 des 9 paires de groupes où cela est possible. Enfin on enregistre des résultats positifs concernant la discipline et l'observance des règles de sécurité. La conclusion de l'auteur est très nette : « les groupes de volontaires orientés vers la tâche » sont une solution prometteuse en Chine, mais le même succès n'a pas été observé aux Etats-Unis (il l'a été en Suède). Le cas des Etats-Unis a été analysé par nous dans l'étude ci-dessus sur l'usine du Tennessee ; les résultats ne peuvent être généralisés au pays entier, mais ils montrent que les effets de groupe dans les équipes de travailleurs sont de deux sortes (cohésion et normes) et que l'interaction des deux est nécessaire pour que l'efficience en groupe s'accroisse. C'est probablement à cette interaction que l'on doit attribuer les résultats de Putaijin.

g. L'effet des primes calculées selon d'autres méthodes

Il est donc clair que tout système de primes doit tenir compte des effets de groupe sur l'efficience individuelle. L'ajustement des capacités individuelles à ces effets est un fait encore peu connu en matière de comptabilité des entreprises.

De là vient en particulier un artefact de calcul lorsque l'on veut tester la corrélation entre rémunération et efficience. Si l'on s'en tient à l'évaluer au niveau des individus, on manque la prise en compte de l'effet de groupe qui joue sur l'efficience (en tant qu'elle est variable selon les groupes) mais non sur la rémunération si c'est un salaire horaire, ou avec prime individuelle.

Des recherches récentes ont cependant laissé penser que des entreprises, connaissant ce phénomène, et en tenant compte, ont eu parfois une politique des primes qui tendaient à le renforcer. Cette politique sous-estime les différences interindividuelles des performances à l'intérieur des équipes mais attribue des primes variant selon les équipes. Markham (1988) a ainsi étudié la conduite de 71 cadres hiérarchisés (depuis le contremaître jusqu'au chef de division), échantillonnés dans 21 unités ou départements de production, recherche ou comptabilité. Le système des primes fonctionne de haut en bas : chaque division reçoit une somme fondée sur le profit de l'année comparé à celui de l'année précédente. Le chef de division la partage entre ses cadres (primes de mérite individuelles) et alloue aux chefs de département un montant proportionnellement équivalent. Ceux-ci procèdent de même avec leurs subordonnés. Tous ces partages sont tenus secrets. La performance est cotée par chaque supérieur hiérarchique, sur des échelles en cinq points désignant chacune une des priorités de l'emploi, en partant des registres de l'entreprise.

Les relations entre primes et cotations sont calculées par une méthode qui fait ressortir les corrélations au niveau des unités (équipes) et les corrélations entre individus à l'intérieur de ces unités (*Whithin and between analysis*, WABA). Il en ressort que ces corrélations sont bien plus élevées au niveau des unités qu'au niveau des individus : 52 % de la variance des primes est attribuable aux unités contre -.03 aux individus. Contre-épreuve : si l'on fait abstraction des appartenances aux groupes, les cotations ne corrèlent pas du tout avec les primes de mérite individuelles.

Ainsi les groupes sont sanctionnés par les primes mais non les individus à l'intérieur de ces groupes. Cette politique ne peut que renforcer la disparité des normes de groupes dont nous avons vu plus haut qu'en s'y conformant les individus en tirent un bénéfice psychologique (l'entente avec les collègues). Il reste à savoir si les autres bénéfices, monétaires ou promotionnels ne peuvent, chez certains, entrer en concurrence avec cette entente. Cela demeure probable puisque le reste de la variance (40 %) des primes échappe à la simple appartenance aux groupes.

Faut-il conclure que le système de primes, quelles qu'en soient les modalités, est impropre à stimuler l'efficience ? Ce serait clair si dans certains pays, on ne s'était inspiré des constatations précédentes pour aboutir à un système enfin efficace. Lindholm (1976) en a décrit l'historique et la structure actuelle dans l'industrie suédoise. Le payement à la pièce, le plus répandu jusqu'en 1973, y a été remplacé par un salaire fixe accompagné de primes. En voici les étapes :

Les plaintes des syndicats en 1968-70 contre l'insécurité du système à la pièce ont conduit à des études faites sur 70 entreprises ayant pratiqué, sans transition, le passage de ce système au salaire fixe. On y a constaté une baisse moyenne de 25 % de la productivité. Un échec similaire est enregistré dans une autre étude où le salaire aux pièces est remplacé par un salaire horaire, avec, comme conséquence supplémentaire, un turnover important. Enfin en 1971 on en arrive à un salaire mensuel accompagné de primes calculées selon la production globale de l'entreprise. En outre, on créé des groupes de production responsables de leur performance quotidienne. Le résultat est une élévation de la production de l'ordre de 45 %, une baisse très sensible du turnover et de l'absentéisme.

Quels sont les processus sous-jacents à ces mutations? Le système initial, à la pièce, conduisait le travailleur à la nécessité d'une forte productivité individuelle dans un contexte d'interdépendance à l'égard des autres : pour la fourniture des matériaux, l'entretien et la maintenance des machines. Les buts de production sont individuels et n'incitent donc à aucune coopération entre travailleurs. De là des pressions entre ouvriers les uns sur les autres aboutissant à des dysfonctionnements des machines nécessitant des réparations. Le passage au salaire fixe horaire n'améliora pas la situation. Il est vite supprimé.

En revanche l'introduction, en 1971, d'un système mixte tenant compte de nombreuses variables eut un tout autre résultat : 1) un salaire fixe constituant près des trois-quarts de la paye, différencié selon la qualification et les charges de l'emploi, élève le sentiment de sécurité et d'équité; 2) une prime d'environ un quart de la paye calculée sur les résultats globaux de l'usine est attribuée à tous, développant des aspirations collectives à une meilleure efficience; 3) création de groupes de production permanents responsables, ayant un contremaître siégeant à un conseil de production, où chaque employé peut discuter, au jour le jour, de l'organisation du travail (participation permanente par délégation). Ce conseil reçoit les plans de chaque groupe et établit une politique commune. Ainsi la production générale est indirectement autogérée par tous les travailleurs et la prime dépend de cette auto-gestion. Il en résulte un sentiment d'intérêt général qui freine les incidents individuels.

On voit que ce système crée, pour l'efficience de chacun, les trois instrumentalités signalées dans l'étude ancienne de Georgopoulos *et alii* : gagner plus, s'entendre avec le groupe, aspirer à une promotion, tout en maintenant des différences entre individus, équitables parce que fondées sur la qualification et les charges de l'emploi, ce qui stimule des désirs de formation et de promotion.

Ces résultats permettent donc de penser que l'observation des variables de freinage et de leurs effets, ainsi que leur aménagement dans un «meilleur» système, accroit notablement la productivité.

Une raison déontologique pourrait se poser à propos de tels aménagements : n'est-ce pas traiter les travailleurs «en objets», c'est-à-dire en faisant fi de leur propre volonté? La réponse est donnée par Lindholm lui-même au vu de certains résultats de son enquête : les suites de l'aménagement de 1971 n'ont pas été seulement sensibles au niveau de la productivité (qui s'élève de 45%) mais aussi au niveau d'indices de satisfaction : le turnover diminue, passant de 65% à 20%, l'absentéisme passe de 15% à 11% et la satisfaction exprimée s'élève (dans une proportion qui n'est pas donnée). L'expérience suédoise est donc à méditer par les entreprises d'autres pays, mais en tenant compte des traditions de chacun d'eux, tant syndicales qu'historiques concernant les luttes sociales dont nous avons vu l'importance à propos de la participation.

RÉSUMÉ DU CHAPITRE 8

1. La rémunération est un incitateur à la performance d'autant plus efficace qu'un but précis a été fixé pour le volume de celle-ci, et, si cette fixation a lieu, la performance augmente avec le montant de la rémunération. Mais *la fixation de but* a par elle-même, un effet incitatif d'ordre cognitif.

2. La notion *d'équité* suppose un concept de proportionnalité de la performance à la paye, compte tenu de la compétence des travailleurs. Ceux-ci règlent donc leur production en fonction de la compétence usuelle des collègues pour le même genre de tâche. Ce réglage aboutit à des variations de quantité (si le payement est à l'heure) ou de qualité (s'il est à la pièce). En fait l'équité de la rémunération peut s'interpréter comme un attribut de l'emploi ayant une valence et incitant à la performance, mais dont la force incitative n'est pas primordiale.

3. La notion de *renforcement* s'est montrée utile dans la définition de l'effet incitatif de la paye. Mais, sur le terrain, le renforcement *constant* est plus stimulant que le renforcement intermittent, même si ce dernier est d'un montant supérieur : il a, dans le premier cas un aspect *d'équité* qu'il perd dans le second.

4. Les *primes* de productivité ont peu ou pas d'effet sur la performance, ceci pour plusieurs raisons :

a. Le délai de versement, s'il est trop long, affaiblit l'instrumentalité de la prime par rapport à la performance.

b. Les procédures de contrôles de cette instrumentalité par les travailleurs élèvent l'effet incitatif des primes (visibilité du lien entre prime et performance).

c. Les soupçons concernant *l'inéquité* des primes sont fréquents et cela compromet leur pouvoir incitatif. Ces soupçons portent :
– sur les disparités *hiérarchiques* (les primes favoriseraient les échelons élevés, le groupe de direction, certaines équipes au détriment des autres);
– sur les disparités *sectorielles* (dans les pays à économie planifiée certains secteurs économiques seraient privilégiés);

d. Les phénomènes de groupe interfèrent avec la relation instrumentale performance/prime au niveau de l'individu. Car la cohésion de groupe (ou l'entente avec le groupe) est aussi un objectif doué de valence. Selon que les équipes de travail ont des attitudes favorables ou défavorables à la productivité, cette cohésion élèvera ou abaissera la performance individuelle. Des études de terrain montrent que la part de variance attribuable aux unités est beaucoup plus élevée que celle qu'on peut attribuer aux individus. Ceci ne fait que renforcer la disparité des normes ou attitudes des groupes vis-à-vis de la productivité.

4. Tous ces facteurs d'affaiblissement des liens rémunération/performance sont pris en compte dans certains systèmes de gestion des entreprises industrielles, en Suède par exemple, avec des résultats positifs sensibles sur la *productivité et la satisfaction*.

Conclusion
Comment dépister, définir et traiter les problèmes de motivation au travail ?

Les entreprises et les services publics peuvent avoir recours au psychologue chaque fois qu'un constat négatif y est fait concernant l'aspect quantitatif ou qualitatif du travail d'une personne, d'un atelier, d'un service. Ce constat n'équivaut en rien à la définition d'un problème, encore moins à celle d'un diagnostic. Il est tout au plus celui d'un symptôme, mais symptôme préoccupant car il touche à la santé et, s'il persiste, à la vie de l'entreprise. Les services publics, contrairement aux entreprises privées, peuvent tolérer un certain temps cette faiblesse que l'opinion courante appelle «l'esprit fonctionnaire». Mais à la longue le défaut quantitatif ou qualitatif d'efficience est ébruité, dénoncé, le malaise s'installe, les responsables sont mis en cause et, à l'horizon, se profile, lorsqu'elle est techniquement possible, la privatisation. Quelles sont donc les étapes du travail du psychologue auquel on s'adresse en parlant simplement d'une «démotivation» de tel cadre, de tel atelier ou service? Le détail de cette investigation ne peut être donné ici : il sera le fruit des connaissances que le psychologue aura acquises notamment, mais pas exclusivement, à la lecture des chapitres qui précèdent, lorsque cette lecture aura été assimilée et intégrée comme un *savoir diversifié permettant l'étude des cas.*

1. Passer du constat au *diagnostic* psychologique n'est faisable qu'après avoir examiné

a. les causes techniques possibles, comme la vétusté de tel appareillage, la mauvaise circulation de l'information, etc. Souvent en effet les demandeurs se masquent des causes non-psychologiques et imputent les faiblesses qu'ils constatent à la mauvaise volonté ou à la démotivation. Parmi ces causes techniques nous rangeons celles qui tiennent aux processus cognitifs mis en jeu par les tâches et auxquelles l'ergonomie peut remédier : le fonctionnement de tel matériel a-t-il été bien et suffisamment expliqué aux opérateurs ? Le changement technique est si rapide de nos jours et les connaissances si variables dans un personnel culturellement divers que le risque de l'erreur ou de la difficulté cognitive n'est jamais à écarter de prime abord.

b. De même, à côté de ces causes techniques, le psychologue doit prendre en compte les facteurs conjoncturels d'ordre économique qui peuvent masquer une maladie derrière des symptômes discrets : ainsi la crise de l'emploi, faisant baisser l'intensité des attentes du personnel autres que celle de la permanence de leur poste, les conduit à produire par conformisme, soumission, plus que par espoir d'une amélioration de leur sort. L'aspect quantitatif peut être maintenu au détriment du souci de la qualité. On produit assez, en raison de la crainte pour son emploi, mais alors on produit moins bien. Ce symptôme qualitatif n'a presque jamais été analysé dans les recherches des psychologues. Mais le cas de la «mauvaise performance» l'a été. De même en période de récession les cadres maintiennent leurs salaires en s'appuyant sur les composantes de compétence, d'ancienneté, de qualification de leur personne plus que sur les bénéfices de l'entreprise. Cette argumentation conjoncturelle doit être entendue par la direction et la tâche du psychologue que celle-ci a employé pour traiter ce qu'elle appelle un «malaise» de ses cadres doit s'appuyer explicitement sur un schéma conjoncturel.

2. Cette prise en compte étant complétée, l'interprétation des symptômes devient possible. Nous ne pouvons, dans cette conclusion, que situer les foyers où peuvent germer des problèmes de motivation, ceci afin de guider le diagnostic. Celui-ci peut avoir pour point de départ des bases telles que l'entretien seul ou à plusieurs, la réunion-discussion, l'audit. Mais ces outils ne sont propres qu'à faire émerger des *hypothèses*. Il faudra ensuite les vérifier en procédant comme font les médecins par l'usage d'instruments plus précis se prêtant à un traitement statistique : un questionnaire, une échelle ou plusieurs soumises à plusieurs «juges» dont le degré d'accord pourra être évalué. L'analogie avec le diagnostic médical peut être poussée assez loin : l'indice de la démotivation doit être testé. Ce ne peut être l'enregistrement pur et simple d'une plainte formulée par tel chef de service, telle que : «dans tel et tel atelier le

rendement est moins bon que dans l'ensemble des autres». Cette plainte doit être confrontée à une «prise de température», si possible objective, telle que le volume de la production ici et là, sinon à travers l'usage d'échelles soumises à plusieurs juges. Faute de quoi elle n'est qu'une «conjecture de réputation».

Quels sont donc les foyers où peuvent germer les problèmes de motivation? Le diagnostic n'est achevé que par une recherche au moins présomptive des causes. Nous n'en citons qu'un petit nombre dans chaque foyer, la lecture des chapitres correspondants pouvant en suggérer d'autres.

a. *Tâches et employés.* Quelles sont les attentes de la personne ou du personnel démotivé? Comment peuvent-elles être atteintes? Ou sont les obstacles incriminés? Y a-t-il un décalage entre des niveaux de formation d'employés à la même tâche, c'est-à-dire perception d'inéquités positives ou négatives?

Ces décalages engendrent des dysfonctionnements qui font tache d'huile ou provoquent des éclats lorsque des cadres de filières internes sont confrontés à des collègues ou à des subordonnés pourvus de diplômes reconnus : à l'iniquité proprement dite s'ajoutent des frustrations de statut. L'étude détaillée de nombreux cas nous l'a montré, où l'activité du subordonné haut titré était freinée par les remarques tatillonnes, exaspérantes, de cadres venant de la filière interne.

Dans les interventions possibles sur les tâches, leur enrichissement constitue une ressource toujours fructueuse. Elle requiert une analyse précise non seulement de ce qui peut être fait mais aussi de la manière d'introduire les changements, les modalités du volontariat pour les postes enrichis et les postes maintenus en l'état (puisque les deux peuvent être préférés selon les employés qui les occupent). Mais l'enrichissement des uns lorsqu'il est connu des autres peut créer des demandes chez ces derniers. Cet effet de contagion n'a pas été étudié, mais il mérite de l'être sur le terrain.

b. Guidage et direction des équipes, ateliers, départements. Là encore, avant toute intervention, le psychologue a une enquête à faire : quels sont les niveaux de bienveillance, de considération ou de directivité des chefs incriminés, par comparaison aux autres? L'audition des plaintes ne vaut pas les résultats obtenus par l'administration d'un test comme le L.B.D.Q. ou le L.P.C. dont les données peuvent se combiner pour plus de sûreté.

Mais le diagnostic ne s'arrête pas là : tel niveau de considération est compatible avec une équipe mais incompatible avec une autre ? Tout dépend du travail qu'on y fait c'est-à-dire du degré de rigueur exigé par la tâche, par sa structure temporelle, ses modes opératoires plus ou moins fixés par des règles nécessaires. Tout dépend également du degré de «pouvoir» formellement conféré au chef d'équipe, de département, qui peut dépendre aussi bien du mode de désignation que des usages, de la «culture d'entreprise». Rien ne serait plus néfaste que l'intervention d'un psychologue inspirée par les stéréotypes «démocratiques» sans égard aux données du terrain. Cependant pour tenir compte de celles-ci, le psychologue n'a pas de normes quantifiées utilisables d'une entreprise à l'autre, d'un service à l'autre. Il aura donc un travail préliminaire de construction d'un étalonnage, par entreprise et, au sein de celle-ci, par service, utilisant des données plus générales que le cas à traiter.

Ces précautions sont à prendre autant lorsqu'il s'agit d'une sélection de personnel d'encadrement que de formation des chefs déjà en place.

De même le degré de structuration de la tâche et la mesure du pouvoir dont le chef est investi sont à évaluer comparativement, après une forme d'étalonnage s'étendant à toute l'entreprise.

c. Fonctionnement de l'organisation, mode de prise de décisions. L'âge, la taille et la forme plus ou moins pyramidale de celle-ci sont tout d'abord à prendre en compte. On ne dirige pas une P.M.E. anciennement fondée comme on doit le faire d'une succursale de supermarché récemment créée. Mais ces caractéristiques historiques et socio-économiques sont-elles bien présentes dans l'esprit des employés ? Cette enquête préliminaire est à faire à la base.

D'autre part, quelle est la nature des décisions à prendre, leur niveau de technicité, leur importance ? Qui détient l'information cruciale, quel est l'impact de la décision à prendre, ses chances d'être exécutée par les subordonnés ? Le modèle de Vroom et Yetton, aussi complexe soit-il, peut servir de point de départ à une enquête par entretiens et questionnaires auprès des personnels de tous niveaux de responsabilité.

Là encore rien ne serait plus nocif pour l'entreprise tout entière qu'un diagnostic inspiré par une idéologie «participationniste» sans discernement.

d. Niveaux et systèmes de rémunération. Bien que le psychologue ne soit jamais appelé pour *décider* dans les problèmes naissant des rémunérations, il ne peut, dans ses interventions, négliger de s'informer sur cette facette des emplois. Il doit connaître l'importance plus ou moins grande qu'elle prend selon les niveaux hiérarchiques dans l'ensemble de la motivation des personnels en cause. Un inventaire de motivation tel que le FIVA II (Francès 1985) confirmera, qu'avec la sécurité et l'autorité, la rémunération est un des aspects les moins mobilisateurs de la position des cadres.

En ce qui concerne les employés et ouvriers, il faut s'informer des modalités de calcul de la paye. Dans la grande majorité des cas dont le psychologue sera saisi, il s'agira d'un fixe mensuel, mais avec parfois des heures supplémentaires. A quel taux sont-elles rémunérées? Quel en est le volume maximum? Y a-t-il dans l'entreprise des personnels payés à l'heure? A la pièce?

Quelque soit le niveau hiérarchique des emplois, il faut dépister les inéquités possibles en comparant, pour chaque niveau, les formations des personnes qui s'y trouvent, que ces formations aient été ou non sanctionnées par des diplômes, des titres. Un atelier, un service où coexistent au même niveau des emplois ou des cadres ayant des formations très disparates ne peut être vraiment cohésif. Ce sont souvent des foyers de rivalités interpersonnelles qui nuisent au bon fonctionnement et par suite à l'efficience de l'ensemble. Il faudra au moins que ces rivalités soient explicitées, reconnues, formulées selon une procédure que peu de travaux ont décrite et qu'il faudra instaurer en évitant celles qui suscitent des éclats et fixent les attitudes. Au mieux, une valorisation de chaque type de formation soulignant leur complémentarité sera le motivateur le plus approprié.

Quant aux systèmes de primes il faudra, en procédant à l'enquête sur les effets motivants ou démotivants qu'elles ont, avoir en mémoire les variables dont on a montré l'effet sur leur faible (ou nul) effet d'incitation. Quel est leur délai de versement? Leur répartition entre les divers services? Leur instrumentalité est-elle claire pour tous les personnels? Y a-t-il des inéquités perçues? Sont-elles imaginaires? Qu'est-ce qui renforce les soupçons? Ces inéquités peuvent être inter-individuelles ou inter-catégorielles. Les unes sont plus aisées à modérer que les autres.

Enfin les effets de groupes, dans l'appréciation du rapport efficience/primes, sont à considérer. Quelle est la norme de groupe, l'attitude envers la productivité, de tel ou tel atelier? Est-elle favorable ou défavorable à l'image du «bon producteur»? Quel est le taux de syndicalisation, les variétés de l'affiliation. Bien que les recherches sur ce point aient donné des résultats très contradictoires, Addison et Barnett (1982) en présentent une, faite en 1980 aux Etats Unis dans laquelle les augmentations de salaires des ouvriers syndiqués étaient bien plus élevées que celles des non-syndiqués ou de ceux qui avaient quitté le syndicat.

Cependant ce n'est là qu'un cas étudié dans un pays. Il est plus sûr et plus constant de n'évaluer les variations de productivité qu'en tenant compte des normes des groupes sur lesquelles la syndicalisation peut jouer, plutôt qu'en comparant l'ensemble des travailleurs syndiqués aux non-syndiqués à travers les groupes.

Voilà donc, largement esquissés, les services que peut rendre au praticien la lecture de ce livre. Il faut ajouter à nouveau que, pour être vraiment utile, cette lecture doit être détaillée, attentive aux variables et aux détails si nombreux dont chaque chapitre montre les effets, en prenant garde que l'efficience dépend souvent de plusieurs causes combinées plutôt que d'une seule, mais cela peut arriver.

Bibliographie

ADAMS, J.S., JACOBSON, P.R., Effects of wage inequities on work quality, *Journal of Abnormal and Social Psychology*, 1964, *89*, 19-25.

ADAMS, J.S., ROSENBAUM, W.B., The relationship of work productivity to cognitive dissonance about wages inequities, *Journal of applied Psychology*, 1962, *46*, 162-164.

ADAM, J., Les cadres supérieurs hongrois : systèmes de stimulation et rémunération, *Revue d'études comparatives Est-Ouest*, 1977, *8*, 135-155.

ADDISON, J.T., BARNETT, A.H., The impact of unions on productivity, *British Journal of industrial Relations*, 1982, *20*, 145-162.

ANDERSON, T.N., KIDA, T.E., The effect of environnement al uncertainty on the association of expectancy, attitudes, efforts and performance, *Journal of Social Psychology*, 1985, 125, 5, 631-636.

ANI, E.D., Le rôle de l'argent dans la motivation du travailleur nigérian, *Travail et Société*, 1977, 2, n° 2, 229-240.

AUSTIN, W., WALSTER, E., Reactions to confirmations and disconfirmations of expectancies of equity and inequity, *Journal of Personality and social Psychology*, 1974, *30*, n° 2, 205-216.

BERKOWITZ, L., Group standards, cohesiveness and productivity, *Human Relations*, 1954, 7, 509-519.

BIBERMAN, G., BARIL, G.L., KOPELMAN, R.E., Comparison of return-on-effort and conventional expectancy theory predictions on work effort and job performance : results from three field studies, *Journal of Applied Psychology*, 1986, 120, 3, 229-237.

BLOOD, M.R., HULIN, C.L., Alienation, environmental characteristics and workers responses, *Journal of Applied Psychology*, 1967, *51*, 284-290.

BROWN, S.M., Male versus female leaders : a comparison of empirical studies, *Sex Roles*, 1979, *5*, n° 5, 596-611.

BROWN, W., NOLAN, P., Wages and labour productivity : the contribution of industrial-relations research to the understanding of pay determination, *British Journal of industrial Relations*, 1988, *26*, 339-361.

BRYMAN, A., BRESNEN, M., FORD, J., BEARDSWORTH, A., KEILT, T., Leader orientation and organizational transience : an investigation using Fiedler's L.P.C. Scales, *Journal of occupational Psychology*, 1987, *60*, 13-19.

CAMPBELL, J.P., PRITCHARD, R.D., Motivation theory in industrial and organizational Psychology, *in* Dunnette, *Industrial and organizational Psychology*, Chicago, Rand Mc Nally, 1976, 63-130.

CAMPBELL, D.J., GINGRICH, K.F., The interaction effects of task complexity and participation on task performance : a field experiment, *Organizational Behavior and Human Decision Processing*, 1986, 38, 162-180.

CATTELL, R.B., *Description and measurement of personality*, New-York, World Book, 1946.

COCH, L., FRENCH, J.R.P., Overcoming resistance to change, *Human Relations*, 1948, *1*, 512-532.

DACHLER, H.P., MOBLEY, W.H., Construct validation of an instrumentality-expectancy-task-goal model of work motivation. Some theorical boundary conditions, *Journal of Applied Psychology*, 1973, *58*, 397-418.

DE COTIIS, T.A., SUMMERS, T.P., Apath analysis of a model of the antecedents and consequences of organizational commitment, *Human Relations*, 1987, 40, 7, 455-470.

DORFMAN, P.W., STEPHAN, W.G., LOVELAND, J., Performance appraisal behaviors : supervisor perceptions and subordinate reactions, *Personnal Psychology*, 1986, 39, 579-595.

DOWNEY, H.K., SHERIDAN, J.E., SLOCUM, Jr J.V., Analysis of relationships among leader behavior, subordinate job performance and satisfaction. A path-goal approach, *Academy of Management Journal*, 1975, *18*, n° 2, 253-262.

DUNNETTE, M.C., *Handbook of Industrial and Organizational Psychology*, Chicago, Rand Mc Nally, 1976.

DURAND, C., Rémunération au rendement et motivations ouvrières, *Sociologie du travail*, 1959, *1*, 46-57.

DYER, L., SCHWAB, D.P., THIERAULT, R.D., Managerial perceptions regarding salary increase criteria, *Personnel Psychology*, 1976, *29*, 233-242.

ELLUL, J., Variations historiques des motivations au travail, Société française de Psychologie, *Quelles motivations au travail ?*, Paris, Entreprise Moderne d'Edition 1982, 13-19.

ENGLAND, G.W., The patterning of work meanings which are codeterminous with work outcomes for individuals in Japan, Germany and the U.S.A., *Journal of applied Psychology*, 1990, *39* (1), 29-45.

EVANS, M.G., A Leader's ability to differentiate, the subordinate's perception of the leader and the subordinate's performance, *Personnel Psychology*, 1973, *26*, 385-395.

FIEDLER, F.E., *A theory of leadership effectiveness*, New York, Mc Graw Hill, 1967.

FLEISHMAN, E.A., HARRIS, E.F., BURTT, H.E., *Leadership and supervision in industry*, Ohio state University studies, Colombus, n° 33, 1957.

FRANCES, R., *La satisfaction dans le travail et l'emploi*, Paris, PUF 1981.

FRANCES, R., Motivation et satisfaction chez les cadres d'entreprises, *in Quelles motivations au travail*, Paris, Entreprise moderne d'édition, 1982, 73-82.

FRANCES, R., – Inventaire de satisfaction appliqué aux cadres (FIVA I), – Inventaire de motivation appliqué aux cadres (FIVA II), – Issy-les-Moulineaux, Etablissements Scientifiques et Psychologiques, 1985.

FRANCES, R., La motivation au travail, *in Traité de Psychologie du travail*, édité par C. Levy- Leboyer et J.C. Spérandio, Paris. P.U.F., 1987, 347-377.

FRANCES, R., MOGENET, J.L., édit. *Motivation et satisfaction au travail*, Issy-les-Moulineaux, E.A.P., 1988.

FRENCH, E.G., Some characteristico of achievement motivation, *Journal of experimental Psychology*, 1955, *50*, 232-236.

FRENCH, J.R.P., ISRAEL, J., AS, D., An experiment on participation in a Norwegian factory, *Human Relations*, 1960, *13*, 3-19.

GADEL, M.S., KRIEDT, P.H., Relationship of aptitude, interest, performance and job satisfaction, *Personnel Psychology*, 1952, *5*, 207-212.

GEORGOPOULOS, B.S., MAHONEY, E.M., JONES, N.J., A path- goal approach to productivity, *Journal of applied Psychology*, 1957, *41*, 354-353.

GOGUELIN, P., *Le management psychologique des organisations*, Tome III, *Les outils générant*, Paris, Editions E.S.F., 1990.

GREENE, C.N., Causal connections among managers'merit pay, job satisfaction and performance, *Journal of applied Psychology*, 1973, *56*, n° 1, 95-100.

HACKMAN, J.R., LAWLER, E.E., Employees reactions to job characteristics, *Journal of Applied Psychology Monographs*, 1971, 55, 3, 259- 286.

HACKMAN, J.P., OLDHAM, G.R., Développement of the job diagnostic Survey, *Journal of Applied Psychology*, 1975, *60*, 159-170.

HALPERN, G., Relative contribution of motivator and hygiene factors to overall job satisfaction, *Journal of applied Psychology*, 1966, *50*, 198-200.

HAMMER, W.C., How to ruin motivation with pay, *in* Steers and Porter, *Motivation and Work Behavior*, New-York, Mc Graw Hill, 1983.

HART, G.L., A workshop approch to improving managerial performance, *Research management*, 1977, *20*, n° 5, 16-20.

HATVANY, N., PUCIK, V., An integrated management system : lessons from the Japanese experience, *in Motivation and work performance*, Porter et Steers édit. New-York, Mc graw Hill, 1983, 593-601.

HELMREICH, R.L., SAWIN, L.L., CARSRUD, A.L., The honeymoon effect in job performance : temporal increases in the predictive power of achievement motivation, *Journal of Applied Psychology*, 1986, 71, 2, 185-188.

HELMREICH, R.L., SPENCE, J.T., The Work and Family Orientation Questionnaire : An objective instrument to assess compnents of achievement motivation and attitudes tovard family and career, J. SAS.
Catalog of Selected Documents in Psychology, 1978, 8, 35, MS 1677.

HERZBERG, F., *Le travail et la nature de l'homme* (trad. de *Work and the nature of man*, 1959), Paris, Entreprise moderne d'édition, 1971.

HULIN, C.L., Effects of community characteristics on measures of job satisfaction, *Journal of Applied Psychology*, 1966, *50*, 185-192.

HULL, C.L., *A behavior system*, New Haven, Yale University Press, 1952.

IVANCEVITCH, J.M., Subordinates'reactions to performance appraisal interviews : a test of feed-back and goal-setting techniques, *Journal of applied Psychology*, 1982, *67*, 581-587.

JOHNSON, A.L., LUTHANS, F., HENNESSY, H.V., The role of locus of control in leader influence behavior, *Personnel Psychology*, 1984, *37*, 61-75.

JOHNSTON, R., Rémunération et satisfaction dans le travail. Quelques résultats d'enquêtes, *Revue internationale du travail*, 1975, *111*, 423-491.

KANFER, R., ACKERMAN, P.L., Motivation and cognitive abilities : an integrative / Aptitude treatment interaction approach to skill acquisition.
Journal of Applied Psychology (monograph), 1989, 74, 4, 657-690.

KASPERSON, C.J., An exploration of the relationship between performance, decision making and structure, *Human Relations*, 1985, *38*, 441-456.

KATZELL, R.A., BARRETT, R.S., PARKER, T.C., Job satisfaction, job performance and situational characteristics, *Journal of Applied Psychology*, 1961, *45*, 65-72.

KELLER, R.T., Dimensions of management and performance in continuous-process organisations, *Human Relations*, 1978, *31*, n° 1, 59-75.

KELLEY, H.H., Attribution theory in social Psychology, *in* D. Levine (Edit.), *Nebraska Symposium on motivation*, Lincoln, University of Nebraska Press, 1967.

KESSELMAN, G.A., WOOD, M.T., HAGEN, E.L., Relationships beween performance and satisfaction under contingent and non-contingent reward systems, *Journal of applied Psychology*, 1974, 59(3) 374-376.

KING, N., Clarification and evaluation of the two- factorTheory of job satisfaction, *Psychological Bulletin*, 1970, *74*, 18-31.

KNOWLTON, W.A. Jr, MITCHELL, T.R. Effects of causal attributions on a supervisor's evaluation of subordinate performance, *Journal of applied Psychology*, 1980, *65*, n° 4, 459- 466.

KOMAKI, J.L., DESSELLES, M.L., BOWMAN, E.D., Definitely not a breeze extending an operant model of effective supervision to teams, *Journal of applied Psychology*, 1989, *74*, n° 3, 522- 529.

KORMAN, A.K., GREENHAUS, J.H., BADIN, I.J., Personnel attitudes and motivation, *Annual Review of Psychology*, 1977, *28*, 175-196.

LATHAM, G.P., LOCKE, E.A., Goal-setting - A motivational technique that works, *in* Porter L.W., Steers R.M., *Motivation and work behavior*, New Yord, Mc Graw Hill, 1983, 194-206.

LAWLER, E.E., HALL, D.T., OLDHAM, G.R., Organizational climate : relationship to organizational structure process and performance, *Organizational Behavior and Human Performance*, 1974, *11*, 139-155.

LAWLER, E.E., SUTTLE, J.L., Expectancy theory and job behavior, *Organizational Behavior and Human Performance*, 1973, *9*, 482-503.

LAWLER, E.E., III Equity theory as a predictor of productivity and work quality, *Psychological Bulletin*, 1968, *70*, n° 6, 596-610.

LEVY-LEBOYER, C., *Psychologie des organisations*, Paris, PUF, 1974.

LEVY-LEBOYER, C., Satisfaction et motivation : théories et recherche, *Bulletin de Psychologie*, 1980, *33*, 409-412.

LEVY-LEBOYER, C., *Le choix des horaires*, Paris, Edit du CNRS, 1983.

LEVY-LEBOYER, C., *La crise des motivations*, Paris, PUF, 1984.

LINCOLN, J.R., KALLENBERG, A.L., Work organization and work force commitment : a study of plants and employees in the U.S. and in Japan, *American Sociological Review*, 1985, *50*, 738-760.

LINDHOLM, R., Payment by results. Leading system in production development, *International journal of Production Research*, 1976, *14*, n° 3, 357-366.

LINDZEY, G., ARONSON, E., *Handbook of Social Psychology*, Reading, Addison-Wesley, 1970.

LI-PANG TANG, T., TOLLISON, P.S., WHITESIDE, H.D., The effect of quality circle initiation on motivation to attend quality circle meetings and on task performance. *Personnal Psychology*, 1987, 40, 4, 799-814.

LOCKE, E.A., The nature and causes of job satisfaction, *in* Dunnette, *Handbook of Industrial and Organizational Psychology*, Chicago, 1976, 1247-1350.

MAC GREGOR, D., *La dimension humaine dans l'entreprise*, Paris, Gauthier-Villars, 1976, trad. française par Ardoino et Lobrot de *The human side of enterprise*, M.I.T., 1960.

MARKHAM, S.E., Pay-for-performance dilemma revisited : empirical example of the importance of group effects, *Journal of applied Psychology*, 1988, *73*, n° 2, 172-180.

MASLOW, A.H., *Motivation and Personality*, New-York, Harper and Row, 1954.

MILLWARD, N., Piecework earnings and workers'controls, *Human Relations*, 1972, 25, n° 4, 351-376.

MITCHELL, T.R., Am empirical test of an attributional model of leader's responses to poor performance, *Academy of Management 39th meeting*, Atlanta, 1979, 94-98.

MOGENET, J.L., *La mesure de la satisfaction au travail du personnel encadré*, Thèse, Université de Paris-X, 1985.

MONTMOLLIN, M., De Les motivations des motivateurs, *in Quelles motivations au travail?*, Paris, Entreprise Moderne d'Edition, 1982, 127-132.

MORE, L.M., BARON, R.M., Effects of wage inequities on work attitudes and performance, *Journal of experimental Social Psychology*, 1973, 19, 1-16.

NEUBERGER, O., ROTH, B., Führungsstil und Gruppenleistung. Eine Uberprüfung von Kontingenz- Modell und LPC Konzept, *Zeitschrift fur Sozial Psychologie*, 1974, 5, 133-144.

NUTTIN, J., La motivation, *in Traité de Psychologie expérimentale* édité par P. Fraisse et J. Piaget Paris, PUF, 1963, 1-73.

NUTTIN, J., *Théorie de la motivation humaine*, Paris, PUF, 2ᵉ édition, 1985.

OLIVER, R.L., Antecedents of salesmen's compensation perceptions : a path goal analysis interpretation, *Journal of applied Psychology*, 1977, 62, n° 1, 20-28.

O'REILLY III, C.A., PUFFER, S.M., The impact of reward and punishment in a social context : a laboratory and field expriment, *Journal of occupational Psychology*, 1989, 62, 41-53.

ORPEN, C., A quasi-experimental investigation into the effects of valence, instrumentality and expectancy on job performance, *Revue Internationale de Psychologie Appliquée*, 1975, 24, 71-79.

ORPEN, C., Job difficulty as a moderator of the effect of budgetary participation on employee performance, *Journal of Social Psychology*, 1992, 132, 5, 595-596.

ORPEN, C., The effects of need for achievement and need for independance on the relationship between job attributes and managerial satisfaction and performance, *International Journal of Psychology*, 1985, 20, 207-219

PAUL, R.J., EBADI, Y.M., Leadership decision making in a service organization : A field test of the Vroom-Yetton model, *Journal of occupational Psychology*, 1989, 62, 201- 211.

PAUL, W.J., ROBERTSON, K.B., *L'enrichissement du travail. Résultats obtenus dans une grande entreprise*, Paris, Entreprise Moderne d'Edition, 1974.

PEARSON, C.A.L., Autonomous work groups : an evaluation at an industrial site, *Human Relations*, 1992, 45, 9, 905-935.

PLATT, A.D., Determinants of executive compensation : the neoclassical model verans concept formation, *Journal of economic Psychology*, 1987, 8, 255-272.

PODSAKOFF, P.M., TODOR, W.D., SKOV, R., Effects of leader contingent and non-contingent reward and punishment behaviors on subordinate performance and satisfaction, *Academy of Management Journal*, 1982, 25, 810-821.

PORTER, L.W., LAWLER, E.D., *Managerial attitudes and performance*, Homewood, Dorsey Press, 1968.

PORTER, L.W., A study of perceived need satisfactions in botton and middle management jobs, *Journal of experimental Psychology*, 1961, 45, 1-10.

PORTER, L.W., Job attitudes in management : I. Perceived deficiences in need fulfillment as a function of job level, *Journal of Applied Psychology*, 1962, 46, 375-384.

PRITCHARD, R.D., CURTIS, M.J., The influence of goal setting and financial incentives on task performance, *Organizational Behavior and human Performance*, 1973, 10, 175-183.

PRITCHARD, R.D., DE LEO, P.J., Experimental test of the valence- instrumentality relationship in job performance, *Journal of applied Psychology*, 1973, 57, 3, 264-270.

PRITCHARD, R.D., Effect of varying performance — pay instrumentalitie on the relationship between performance and satisfaction. A test of the Lawler and Porter model, *Journal of applied Psychology*, 1973, 58, 1, 122-125.

PUTAI, JIN, Work motivation and productivity in voluntarily formed work teams : a field study in China.
Organizational Behavior and Human Decision, 1993, 54 (1), 133-155.

RIPON, A., Satisfaction et implication dans le travail, *Traité de Psychologie du travail*, Cl. Levy- Leboyer et J.C. Sperandio édit., Paris PUF, 1987, 421-434.

ROTTER, J.B., Generalized expectancies for internal versus external control of reinforcement, *Psychological Monographs*, 1966, 80.

SAVALL, H., *Enrichir le travail humain : l'évaluation économique*, Préface de Jacques Delors. Paris, Dunod, 2ᵉ édition 1978.

SCARPELLO, V., HUBER, V., VANDENBERG, R.J., Compensation Satisfaction : its measurement and dimensionality, *Journal of applied Psychology*, 1988, 73, 163-171.

SCHRIESHEIM, C.A., MURPHY, C.J., Relationships between leader behavior and subordinate satisfaction and performance : A test of some situational moderators, *Journal of applied Psychology*, 1976, 61, n° 5, 634-641.

SCHWAB, D.P., Impact of alternative compensation systems on pay valence and instrumentality perceptions, *Journal of experimental Psychology*, 1973, 58, 3, 308-312.

SIMERAL, M.H., The impact of the public employement program on sex-related wage differentials, *Industrial and labor Relations Review*, 1978, 31, 509-519.

SMITH, P.C., KENDALL, L.M., HULIN, C.L., *The measurement of Satisfaction in work and retirement*, Chicago, Rand Mc Nally, 1969.

STEERS, R.M., SPENCER, D.G., The role of achievement motivation in job design, *Journal of Applied Psychology*, 1977, 62, 4, 472-479.

SZILAGY, A.D., Causal inferences between leader reward behavior and subordinate performance, absenteeism and work satisfaction, *Journal of occupational Psychology*, 1980, 53, 195-204.

VROOM, V.H., Some personality determinants of the effect of participation, *Journal of abnormal and social Psychology*, 1959, 59, 322-327.

VROOM, V.H., Ego-involvement, job satisfaction and job performance, *Personnel Psychology*, 1962, 15, 159-177.

VROOM, V.H., *Work and motivation*, New-York, Wiley, 1964.

VROOM, V.H., YETTON, P.W., *Leadership and decision-making*, Univ. of Pittsburgh Press, 1973.

WALDMAN, D.A., BASS, B.M., EINSTEIN, W.D., Leadership and outcomes of performance appraisal process, *Journal of occupational Psychology*, 1987, 60, 177-186.

YUKL, G.A., LATHAM, G.P., Consequences of reinforcement schedules and incentive magnitude for employee performance : problems encountered in an industrial setting. *Journal of applied Psychology*, 1975, 60, n° 3, 294-298.

YUKL, G., WEXLEY, K.N., SEYMORE, J.D., Effectiveness of pay incentives under variable ratio and continuous reinforcement schedules, *Journal of applied Psychology*, 1972, 56, n° 1, 19-23.

Table des matières

Introduction 5

Chapitre 1
Place de la motivation en psychologie du travail 9

Chapitre 2
Théories de la motivation au travail : le processus 29

Chapitre 3
Théories de la motivation au travail : les contenus 45

Chapitre 4
La théorie d'Herzberg et l'enrichissement des tâches 61

Chapitre 5
Leadership motivation et efficience 77

Chapitre 6
Participation et efficience 97

Chapitre 7
Rémunération et efficience : l'apport des enquêtes de terrain............... 115

Chapitre 8
Les théories de la relation rémunération/performance........................... 127

Conclusion
Comment dépister, définir et traiter les problèmes de motivation au travail ?.. 155

Bibliographie.. 161

Imprimé en Belgique par Pierre Mardaga, Liège.

CHEZ LE MÊME ÉDITEUR

PSYCHOLOGIE ET SCIENCES HUMAINES
collection publiée sous la direction de MARC RICHELLE

1 Dr Paul Chauchard : LA MAITRISE DE SOI. *9ᵉ éd.*
7 Paul-A. Osterrieth : FAIRE DES ADULTES. *16ᵉ éd.*
9 Daniel Widlöcher : L'INTERPRETATION DES DESSINS D'ENFANTS. *9ᵉ éd.*
11 Berthe Reymond-Rivier : LE DEVELOPPEMENT SOCIAL DE L'ENFANT ET DE L'ADOLESCENT. *9ᵉ éd.*
22 H. T. Klinkhamer-Steketée : PSYCHOTHERAPIE PAR LE JEU. *3ᵉ éd.*
24 Marc Richelle : POURQUOI LES PSYCHOLOGUES? *6ᵉ éd.*
25 Lucien Israel : LE MEDECIN FACE AU MALADE. *5ᵉ éd.*
26 Francine Robaye-Geelen : L'ENFANT AU CERVEAU BLESSE. *2ᵉ éd.*
27 B.F. Skinner : LA REVOLUTION SCIENTIFIQUE DE L'ENSEIGNEMENT. *3ᵉ éd.*
29 J.C. Ruwet : ETHOLOGIE : BIOLOGIE DU COMPORTEMENT. *3ᵉ éd.*
38 B.-F. Skinner : L'ANALYSE EXPERIMENTALE DU COMPORTEMENT. *2ᵉ éd.*
40 R. Droz et M. Rahmy : LIRE PIAGET. *3ᵉ éd.*
42 Denis Szabo, Denis Gagné, Alice Parizeau : L'ADOLESCENT ET LA SOCIETE. *2ᵉ éd.*
43 Pierre Oléron : LANGAGE ET DEVELOPPEMENT MENTAL. *2ᵉ éd.*
45 Gertrud L. Wyatt : LA RELATION MERE-ENFANT ET L'ACQUISITION DU LANGAGE. *2ᵉ éd.*
49 T. Ayllon et N. Azrin : TRAITEMENT COMPORTEMENTAL EN INSTITUTION PSYCHIATRIQUE
52 G. Kellens : BANQUEROUTE ET BANQUEROUTIERS
55 Alain Lieury : LA MEMOIRE
58 Jean-Marie Paisse : L'UNIVERS SYMBOLIQUE DE L'ENFANT ARRIERE MENTAL
59 Jacques Van Rillaer : L'AGRESSIVITE HUMAINE
61 Jérôme Kagan : COMPRENDRE L'ENFANT
62 Michel S. Gazzaniga : LE CERVEAU DEDOUBLE
64 X. Seron, J.L. Lambert, M. Van der Linden : LA MODIFICATION DU COMPORTEMENT
65 W. Huber : INTRODUCTION A LA PSYCHOLOGIE DE LA PERSONNALITE. *2ᵉ éd.*
66 Emile Meurice : PSYCHIATRIE ET VIE SOCIALE
67 J. Château, H. Gratiot-Alphandéry, R. Doron et P. Cazayus : LES GRANDES PSYCHOLOGIES MODERNES
68 P. Sifnéos : PSYCHOTHERAPIE BREVE ET CRISE EMOTIONNELLE
69 Marc Richelle : B.F. SKINNER OU LE PERIL BEHAVIORISTE
70 J.P. Bronckart : THEORIES DU LANGAGE
71 Anika Lemaire : JACQUES LACAN. *2ᵉ éd. revue et augmentée.*
72 J.L. Lambert : INTRODUCTION A L'ARRIERATION MENTALE
73 T.G.R. Bower : DEVELOPPEMENT PSYCHOLOGIQUE DE LA PREMIERE ENFANCE
74 J. Rondal : LANGAGE ET EDUCATION
75 Sheila Kitzinger : PREPARER A L'ACCOUCHEMENT
76 Ovide Fontaine : INTRODUCTION AUX THERAPIES COMPORTEMENTALES
77 Jacques-Philippe Leyens : PSYCHOLOGIE SOCIALE. *2ᵉ éd.*
78 Jean Rondal : VOTRE ENFANT APPREND A PARLER
79 Michel Legrand : LE TEST DE SZONDI
80 H.J. Eysenck : LA NEVROSE ET VOUS
81 Albert Demaret : ETHOLOGIE ET PSYCHIATRIE
82 Jean-Luc Lambert et Jean A. Rondal : LE MONGOLISME
83 Albert Bandura : L'APPRENTISSAGE SOCIAL
84 Xavier Seron : APHASIE ET NEUROPSYCHOLOGIE
85 Roger Rondeau : LES GROUPES EN CRISE?

86 J. Danset-Léger : L'ENFANT ET LES IMAGES DE LA LITTERATURE ENFANTINE
87 Herbert S. Terrace : NIM. UN CHIMPANZE QUI A APPRIS LE LANGAGE GESTUEL
88 Roger Gilbert : BON POUR ENSEIGNER?
89 Wing, Cooper et Sartorius : GUIDE POUR UN EXAMEN PSYCHIATRIQUE
90 Jean Costermans : PSYCHOLOGIE DU LANGAGE
91 Françoise Macar : LE TEMPS, PERSPECTIVES PSYCHOPHYSIOLOGIQUES
92 Jacques Van Rillaer : LES ILLUSIONS DE LA PSYCHANALYSE. 2e éd.
93 Alain Lieury : LES PROCEDES MNEMOTECHNIQUES
94 Georges Thinès : PHENOMENOLOGIE ET SCIENCE DU COMPORTEMENT
95 Rudolph Schaffer : COMPORTEMENT MATERNEL
96 Daniel Stern : MERE ET ENFANT, LES PREMIERES RELATIONS
97 R. Kempe & C. Kempe : L'ENFANCE TORTUREE
98 Jean-Luc Lambert : ENSEIGNEMENT SPECIAL ET HANDICAP MENTAL
99 Jean Morval : INTRODUCTION A LA PSYCHOLOGIE DE L'ENVIRONNEMENT
100 Pierre Oleron et al. : SAVOIRS ET SAVOIR-FAIRE PSYCHOLOGIQUES CHEZ L'ENFANT
101 Bernard I. Murstein : STYLES DE VIE INTIME
102 Rondal/Lambert/Chipman : PSYCHOLINGUISTIQUE ET HANDICAP MENTAL
103 Brédart/Rondal : L'ANALYSE DU LANGAGE CHEZ L'ENFANT
104 David Malan : PSYCHODYNAMIQUE ET PSYCHOTHERAPIE INDIVIDUELLE
105 Philippe Muller : WAGNER PAR SES REVES
106 John Eccles : LE MYSTERE HUMAIN
107 Xavier Seron : REEDUQUER LE CERVEAU
108 Moreau/Richelle : L'ACQUISITION DU LANGAGE
109 Georges Nizard : ANALYSE TRANSACTIONNELLE ET SOIN INFIRMIER
110 Howard Gardner : GRIBOUILLAGES ET DESSINS D'ENFANTS, LEUR SIGNIFICATION
111 Wilson/Otto : LA FEMME MODERNE ET L'ALCOOL
112 Edwards : DESSINER GRACE AU CERVEAU DROIT
113 Rondal : L'INTERACTION ADULTE-ENFANT
114 Blancheteau : L'APPRENTISSAGE CHEZ L'ANIMAL
115 Boutin : FORMATION ET DEVELOPPEMENTS
116 Húsen : L'ECOLE EN QUESTION
117 Ferrero/Besse : L'ENFANT ET SES COMPLEXES
118 R. Bruyer : LE VISAGE ET L'EXPRESSION FACIALE
119 J.P. Leyens : SOMMES-NOUS TOUS DES PSYCHOLOGUES?
120 J. Château : L'INTELLIGENCE OU LES INTELLIGENCES?
121 M. Claes : L'EXPERIENCE ADOLESCENTE
122 J. Hayes et P. Nutman : COMPRENDRE LES CHOMEURS
123 S. Sturdivant : LES FEMMES ET LA PSYCHOTHERAPIE
124 A. Pomerleau et G. Malcuit : L'ENFANT ET SON ENVIRONNEMENT
125 A. Van Hout et X. Seron : L'APHASIE DE L'ENFANT
126 A. Vergote : RELIGION, FOI, INCROYANCE
127 Sivadon/Fernandez-Zoïla : TEMPS DE TRAVAIL, TEMPS DE VIVRE
128 Born : JEUNES DEVIANTS OU DELINQUANTS JUVENILES?
129 Hamers/Blanc : BILINGUALITE ET BILINGUISME
130 Legrand : PSYCHANALYSE, SCIENCE, SOCIETE
131 Le Camus : PRATIQUES PSYCHOMOTRICES
132 Lars Fredén : ASPECTS PSYCHOSOCIAUX DE LA DEPRESSION
133 Mount : LA FAMILLE SUBVERSIVE
134 Magerotte : MANUEL D'EDUCATION COMPORTEMENTALE CLINIQUE
135 Dailly/Moscato : LATERALISATION ET LATERALITE CHEZ L'ENFANT
136 Bonnet/Tamine-Gardes : QUAND L'ENFANT PARLE DU LANGAGE
137 Bruyer : LES SCIENCES HUMAINES ET LES DROITS DE L'HOMME

138 Taulelle : L'ENFANT A LA RENCONTRE DU LANGAGE
139 de Boucaud : PSYCHOLOGIE DE L'ENFANT ASTHMATIQUE
140 Duruz : NARCISSE EN QUETE DE SOI
141 Feyereisen/de Lannoy : PSYCHOLOGIE DU GESTE
142 Florin et al. : LE LANGAGE A L'ECOLE MATERNELLE
143 Debuyst : MODELE ETHOLOGIQUE ET CRIMINOLOGIE
144 Ashton/Stepney : FUMER
145 Winkel et al. : L'IMAGE DE LA FEMME DANS LES LIVRES SCOLAIRES
146 Bideau/Richelle : PSYCHOLOGIE DEVELOPPEMENTALE
147 Schmid-Kitsikis : THEORIE CLINIQUE ET FONCTIONNEMENT MENTAL
148 Guggenbühl/Craig : POUVOIR ET RELATION D'AIDE
149 Rondal : LANGAGE ET COMMUNICATION CHEZ LES HANDICAPES MENTAUX
150 Moscato et al. : FONCTIONNEMENT COGNITIF ET INDIVIDUALITE
151 Château : L'HUMANISATION OU LES PREMIERS PAS DES VALEURS HUMAINES
152 Avery/Litwack : NEE TROP TOT
153 Rondal : LE DEVELOPPEMENT DU LANGAGE CHEZ L'ENFANT TRISOMIQUE 21
154 Kellens : QU'AS-TU FAIT DE TON FRERE?
155 Rondal/Henrot : LE LANGAGE DES SIGNES
156 Lafontaine : LE PARTI PRIS DES MOTS
157 Bonnet/Hoc/Tiberghien : AUTOMATIQUE, INTELLIGENCE ARTIFICIELLE ET PSYCHOLOGIE
158 Giovannini et al. : PSYCHOLOGIE ET SANTE
159 Wilmotte et al. : LE SUICIDE
160 Giurgea : L'HERITAGE DE PAVLOV
161 Ionescu : MANUEL D'INTERVENTION EN DEFICIENCE MENTALE N° 1
162 Ionescu : MANUEL D'INTERVENTION EN DEFICIENCE MENTALE N° 2
163 Pieraut-Le Bonniec : CONNAITRE ET LE DIRE
164 Huber : PSYCHOLOGIE CLINIQUE AUJOURD'HUI
165 Rondal et al. : PROBLEMES DE PSYCHOLINGUISTIQUE
166 Slukin : LE LIEN MATERNEL
167 Baudour : L'AMOUR CONDAMNE
168 Wilwerth : VISAGES DE LA LITTERATURE FEMININE
169 Edwards : VISION, DESSIN, CREATIVITE
170 Lutte : LIBERER L'ADOLESCENCE
171 Defays : L'ESPRIT EN FRICHE
172 Broome Walace : PSYCHOLOGIE ET PROBLEMES GYNECOLOGIQUES
173 Aimard : LES BEBES DE L'HUMOUR
174 Perruchet : LES AUTOMATISMES COGNITIFS
175 Bawin-Legros : FAMILLES, MARIAGE, DIVORCE
176 Pourtois/Desmet : EPISTEMOLOGIE ET INSTRUMENTATION EN SCIENCES HUMAINES
177 Sloboda : L'ESPRIT MUSICIEN
178 Fraisse : POUR LA PSYCHOLOGIE SCIENTIFIQUE
179 Ruffiot : PSYCHOLOGIE DU SIDA
180 McAdams/Deliège : LA MUSIQUE ET LES SCIENCES COGNITIVES
181 Argentin : QUAND FAIRE C'EST DIRE...
182 Van der Linden : LES TROUBLES DE LA MEMOIRE
183 Lecuyer : BEBES ASTRONOMES, BEBES PSYCHOLOGUES : L'INTELLIGENCE DE LA 1re ANNEE
184 Immelmann : DICTIONNAIRE DE L'ETHOLOGIE
185 Collectif : ACTEUR SOCIAL ET DELINQUANCE
186 Fontana : GERER LE STRESS
187 Bouchard : DE LA PHENOMENOLOGIE A LA PSYCHANALYSE
188 Chanceaulme : MOURIR, ULTIME TENDRESSE
189 Rivière : LA PSYCHOLOGIE DE VYGOTSKY

190 Lecoq : APPRENTISSAGE DE LA LECTURE ET DYSLEXIE
191 de Montmolin/Amalberti/Theureau : MODÈLES DE L'ANALYSE DU TRAVAIL
192 Minary : MODÈLES SYSTÉMIQUES ET PSYCHOLOGIE
193 Grégoire : ÉVALUER L'INTELLIGENCE DE L'ENFANT
194 Gommers/van den Bosch/de Aguilar : POUR UNE VIEILLESSE AUTONOME
195 Van Rillaer : LA GESTION DE SOI
196 Lecas : L'ATTENTION VISUELLE
197 Macquet : TOXICOMANIES ET FORMES DE LA VIE QUOTIDIENNE
198 Giurgea : LE VIEILLISSEMENT CÉRÉBRAL
199 Pillon : LA MÉMOIRE DES MOTS
200 Pouthas/Jouen : LES COMPORTEMENTS DU BÉBÉ : EXPRESSION DE SON SAVOIR ?
201 Montangero/Maurice-Naville : PIAGET OU L'INTELLIGENCE EN MARCHE
202 Colin A. Epsie : LE TRAITEMENT PSYCHOLOGIQUE DE L'INSOMNIE
203 Samalin-Amboise : VIVRE À DEUX
204 Bourhis/Leyens : STÉRÉOTYPES, DISCRIMINATION ET RELATIONS INTERGROUPES
205 Feltz/Lambert : ENTRE LE CORPS ET L'ESPRIT
206 Francès : MOTIVATION ET EFFICIENCE AU TRAVAIL

Manuels et Traités

Droz-Richelle : MANUEL DE PSYCHOLOGIE
Hurtig-Rondal : MANUEL DE PSYCHOLOGIE DE L'ENFANT (Tome 1)
Hurtig-Rondal : MANUEL DE PSYCHOLOGIE DE L'ENFANT (Tome 2)
Hurtig-Rondal : MANUEL DE PSYCHOLOGIE DE L'ENFANT (Tome 3)
Rondal-Seron : LES TROUBLES DU LANGAGE (DIAGNOSTIC ET REEDUCATION)
Fontaine/Cottraux/Ladouceur : CLINIQUES DE THERAPIE COMPORTEMENTALE
Godefroid : LES CHEMINS DE LA PSYCHOLOGIE